통일수학여행

| 해파랑길에서 만나는 통일 |

통일수학여행 : 해파랑길에서 만나는 통일

1판 1쇄 인쇄	2017년 8월 14일
1판 1쇄 발행	2017년 8월 28일
글	임창호, 강동완
사진	전영헌
출판사	도서출판 너나드리
제작판매	하늘생각
등록번호	2015-2호(2015. 2. 16)
주 소	부산시 사하구 다대로 381번길 99 101동 1406호
이메일	neonabooks@daum.net
전 화	051-200-8790, 010-4443-6392
책임편집	강동완
디자인	박지영 권보미
값	21,000원(둘이하나)
ISBN	979-11-956081-6-4 02340

· 이 책은 (재)통일과 나눔 지원사업으로 이루어졌습니다.
· 이 책은 저작권법에 의하여 보호를 받는 저작물이므로 무단 전제와 복제를 금합니다.
· 이 도서의 국립중앙도서관 출판예정도서목록(CIP)은 서지정보유통지원시스템 홈페이지(http://seoji.nl.go.kr)와 국가자료공동목록시스넴(http://www.nl.go.kr/kolisnet)에서 이용하실 수 있습니다.
  (CIP제어번호 : CIP2017020180)

통일수학여행
해파랑길에서 만나는 통일

들어가며
/

장대현학교 학생들과 브니엘고등학교 학생들이 4박 5일을 함께 걸었다. 장대현은 탈북학생들, 브니엘은 남한의 학생들이다. 북한에서 태어나 자란 학생들, 혹은 중국에서 태어난 북한이탈주민의 자녀, 그리고 한국에서 태어나 자란 남한 학생들이 함께 걸었으니 가히 남북 청소년들의 행진이라고 말할 수 있겠다.

부산 오륙도 해맞이길에서 시작하여 고성 통일기원의 길까지 770km로 조성된 해파랑 길은 남한에서 가장 긴 순례 길이다. 동해아침 길(부산-울산), 화랑순례 길(경주-강릉), 관동팔경 길(고성-울진), 통일기원 길(고성-양양)로 이어지는 여정 동안 이들은 네 밤을 함께 자고, 함께 일어나 먹고, 함께 생활 했다. 불편함을 즐거움으로 바꿔가면서 통일에 대해 질문하고 생각하면서 걸었다. 전문 강사들의 통일을 주제로 한 인문학, 경영학, 북한학, 문화인류학 등 학문간 다양한 융합적 강의의 새로운 수업들을 소화해 냈다.

이러한 과정을 거치는 동안 우리는 다음의 세 가지 목적을 염두에 두었다. 첫째, 해파랑길을 함께 걸으며 소통하는 가운데 남북 청소년들이 올바른 국가관과 통일관을 갖도록 하는 것, 둘째, 해파랑길을 직접 걸으며 코스마다 숨어 있는 통일 문화컨텐츠를 발굴하고 이를 남북 청소년들의 시각으로 재해석하여 확산하는 것, 셋째, 이러한 과정들을 통해 이들이 통일 미래에 대한 희망과 비전을 갖고 장차 통일인재로 자라날 수 있도록 격려하는 것이었다.

탈북 경험은 탈북학생들에게 아직까지 아픈 기억으로 남아 있는 것이 사실이다. 그러나 동시에 통일의 당위성과도 직결되는 문제이기 때문에, 분단의 현실을 누구보다 직접적으로 경험한 탈북학생들은 자신의 경험을 바탕으로 통일의식을 고취시킬 수 있는 좋은 기회가 될 수가 있었다. 이들의 가슴에 담긴 아픔들은 남한학생들과 함께 하는 여정 가운데 어느새 자연스러운 이야기로 풀어져 나오기 시작했고 이들 스스로에게 치유현상으로 나타났다. 말 그대로 놀라운 일들이었다. 뿐만 아니라 남한학생들에게는 탈북학생들의 경험을 공감하면서 왜 통일이 필요한 지를 스스로 확인하는 계기가 되었.

4박 5일 동안 함께 걸었던 해파랑길 기행은 남북학생들이 통일을 공감하는 통일교육의 현장이었다. 이들과 동행했던 교사들과 스텝들도 이러한 남북학생들의 아름다운 공감대 형성을 바라보면서 파워풀한 통일교육이 무엇인지를 목격할 수 있었다.

해파랑길 기행에서 이루어진 통일강좌는 주입식과 암기식으로 진행되는 강의실에서의 교육보다 비교할 수 없을 정도의 탁월한 학습효과를 보여주었다. 왕성한 질의응답이 이루어졌고 활발한 소통이 일어났다. 남북학생들이 통일을 공감하며 적극적으로 서로 소통한 것이다. 짧은 기간이었음에도 불구하고 남북학생들은 통일의 비전을 나누며 통일을 자신들의 미래지향적인 가치로 받아들였다. 향후 통일교육의 방향성이 어떠해야 하는지를 확인하는 순간이었다. 이번 해파랑길 통일기행은 통일세대 청소년들을 위한 효과적이며 생산적인 통일교육 모델의 하나로써 앞으로 많은 학교에서 시도해 볼 것을 적극적으로 추천하고 싶다.

이번 해파랑길 통일기행이 가능하도록 기회를 마련해 준 재단법인 통일과 나눔에 깊이 감사드린다. 아울러 프로젝트에 적극 협조해 주신 부산하나센터 류달주 사무국장과 이상급, 김지수, 유신영, 장대현학교 박영진 교무부장과 담당교사들, 그리고 경동대학교 이만식, 송주은 교수님, 삼척시청 장진호님께 지면을 통해 다시 한번 감사를 드린다.

장대현학교 임창호 쓰다

길을 떠나며

통일여정의 출발, 길의 끝이자 시작점에 서다

분단의 아이들이 길 위에 섰다. 원래 길이란 통하고 연결되는 이음이다. 그러나 분단의 길은 막혀 있어 끊어지고 닫혀 버렸다. 남한과 북한, 그리고 중국이라는 각기 다른 곳에서 태어난 아이들이 분단조국의 땅 끝에 다시 섰다. 어디를 향해 갈까? 길의 시작점이니 나아갈 곳은 한 방향뿐이지만 그 길은 분단의 선에서 멈추어 서고 만다.

남해와 동해가 갈라지는 남단의 끝, 부산에서 시작되는 통일여정은 최북단 강원도 고성까지만 이어진다. 분단조국의 아픔을 온몸으로 느끼려면 신발을 내던지고 맨발로 걸어야 하겠지만, 길 위의 파편들과 시간이 허락지 않으니 길을 온전히 걸을 수는 없다. 28일 29일을 꼬박 걸어야만 닿을 수 있는 해파랑길... 그 길을 4박 5일간의 여정으로 걷고 달려 보려 한다. 그 길 위에서 통일을 만날 수 있다는 설레임과 기대를 안고 말이다.

해파랑은 동해안의 상징 '떠오르는 해'와 푸른 바다색인 '파랑'이라는 뜻이 합쳐진 말이다. 770km의 길이 바람과 햇살과 파도를 맞으며 사람을 품었다. 분단의 길만 아니라면 눈부시도록 아리따운 햇살을 온몸으로 안아 보아도 좋으련만... 분단조국에 놓인 닫힘의 길이기에 언저리 곳곳에는 분단의 상처가 오롯이 배어있다. 분단의 길에서 통일의 눈을 담고 남북한 출신 아이들이 함께 그 길을 출발한다.

해파랑길 시작점에서 강동완 쓰다

CONTENTS

들어가며
- 005 장대현학교 임창호 쓰다
- 009 해파랑길 시작점에서 강동완 쓰다
- 012 해파랑길 전체구간지도

첫째날

1코스
- 020 부산구간
- 022 동해와 남해가 갈라지고 또 어우러지는 곳
- 024 해파랑길 1코스에서 부른 홀로아리랑

4코스
- 032 간절곶
- 033 울주군 여성지도자와 좌담회
- 046 통일 한줄 생각
- 059 PROGRAM 통일, 그 간절함의 여운
- 062 조별로 활동하고 사진 찍기
- 065 울산 간절곶 드라마 촬영지
- 067 아이들이 찾은 통일의자
- 068 간절곶 소망길

둘째날

14코스
- 074 포항 호미곶
- 075 PROGRAM 통일, 우리 손 내밀어
- 080 호랑이를 품은 한반도

20코스
- 084 영덕 풍력발전단지
- 085 영덕 풍력발전단지
- 086 나란히 선 두개의 바람개비
- 088 PROGRAM 풍차에 실어 보내는 통일 소망
- 092 우리는 사랑하는 42(사이)
- 094 통일의 바람을 담은 아이들
- 096 잠시 통일은 내려놓고

27코스
- 100 죽변등대공원
- 101 홀로 섬에 닻을 내리고

28코스
- 106 울진 고포항
- 107 울진고포항 '무장공비'
- 108 PROGRAM 멀고도 가까운 우리 이야기
- 116 밤새 통일을 고민하는 아이들

셋째날

	122	숙소 옆 해안가
	126	삼척 유채꽃 축제
32코스	130	삼척 이사부광장
	131	PROGRAM 통일을 사색하다
	132	산 위에 자리한 초소
	134	바다를 향하는 문
	138	통일종을 울리다
	141	철조망으로 갈린 길
	142	과거 적 침투지역
36코스	148	강릉 통일공원
	149	분단의 아픔을 마주하다
	151	북한 주민이 타고 온 목선
	154	함경북도 김책시
	155	태극기의 위용 앞에서
	157	통일은 꽃이다
42코스	160	38선 휴게소
	161	38선에서 통일을 외치다

넷째날

	170	숙소에서
	174	다도에서 배우는 통일 기다림
	178	설악산에서 금강산까지
50코스	182	통일전망대
	184	민통선 50코스
	186	통일전망대 출입사무소
	190	걸어서는 갈 수 없는 길
	192	통일전망대에서 만난 고등학생
	194	통일을 기도하다
	195	통일과 놀다
	198	분단의 기억들을 보다
	203	통일과 나눔의 사람들
	205	철조망을 걷어내고

부록	일정 Cue sheet
나가며	분단의 청소년, 통일을 새기다

해파랑길
전체구간지도

- 해파랑길
- 고성 | 64.7km
- 속초 | 16.9km
- 양양 | 43.7km
- 강릉 | 82.5km
- 동해 | 32.2km
- 삼척 | 72.9km
- 울진 | 78.3km
- 영덕 | 62.8km
- 포항 | 107.8km
- 경주 | 45.8km
- 울산 | 82.8km
- 부산 | 74.1km
- 해파랑길 START

서해

동해

남해

해파랑은 동해안의 상징 '떠오르는 해'와 푸른 바다색인 '파랑'   동해안 해파랑길 770km

코스	구간		거리		
1	오륙도해맞이공원	↔ 미포	17.7km	오륙도해맞이공원, 동생말, 광안리해변, APEC하우스, 미포	부산
2	미포	↔ 대변항	13.7km	미포, 달맞이공원 어울마당, 구덕포, 송정해변, (임시 노선 운행), 대변항	
3	대변항	↔ 임랑해변	20.2km	대변항, 죽성리왜성, 기장군청, 일광해변, 임랑해변	
4	임랑해변	↔ 진하해변	19.7km	임랑해변, 간절곶, 진하해변	
5	진하해변	↔ 덕하역	18.0km	진하해변, 온양읍내, 옹기문화관, 우진휴게소, 덕하역	울산
6	덕하역	↔ 태화강전망대	15.7km	덕하역, 선암호수공원, 울산대공원, 고래전망대, 태화강전망대	
7	태화강전망대	↔ 염포삼거리	18.1km	태화강전망대, 십리대숲, 번영교, 염포삼거리	
8	염포삼거리	↔ 일산해변	11.7km	염포삼거리, 문현삼거리, 방어진항, 대왕암공원, 일산해변	
9	일산해변	↔ 정자항	19.1km	일산해변, 현대예술공원, 주전봉수대, 주전해변, 정자항	
10	정자항	↔ 나아해변	13.9km	정자항, 강동화암주상절리, 관성해변, 읍천항, 나아해변	경주
11	나아해변	↔ 감포항	18.9km	나아해변, 봉길해변(문무대왕릉), 감은사지, 나정해변, 전촌항, 감포항	
12	감포항	↔ 양포항	13.0km	감포항, 오류해변, 연동마을, 양포항	
13	양포항	↔ 구룡포항	18.3km	양포항, 금곡교, 구평포교, 구룡포항	
14	구룡포항	↔ 호미곶	15.3km	구룡포항, 구룡포해변, 호미곶	
15	호미곶	↔ 흥환보건지소	14.4km	호미곶, 대보저수지, 흥환보건지소	포항
16	흥환보건지소	↔ 송도해변	23.3km	흥환보건지소, 도구해변, 화산식물원, 포스코역사박물관, 송도해변	
17	송도해변	↔ 칠포해변	17.1km	송도해변, 포항여객선터미널, 영일신항만, 칠포해변	
18	칠포해변	↔ 화진해변	19.4km	칠포해변, 오도교, 월포해변, 화진해변	
19	화진해변	↔ 강구항	15.7km	화진해변, 장사해변, 구계항, 삼사해상공원, 강구항	
20	강구항	↔ 영덕해맞이공원	18.8km	강구항, 고불봉, 영덕풍력발전단지, 영덕해맞이공원	영덕
21	영덕해맞이공원	↔ 축산항	12.2km	영덕해맞이공원, 오보해변, 경정해변, 축산항	
22	축산항	↔ 고래불해변	16.1km	축산항, 괴시리전통마을, 대진항, 덕진해변, 고래불해변	
23	고래불해변	↔ 후포항	10.1km	고래불해변, 백석해변, 후포항입구	
24	후포항	↔ 기성버스터미널	19.8km	후포항, 월송정, 구산항, 기성버스터미널	울진
25	기성버스터미널	↔ 수산교	23.0km	기성버스터미널, 기성망양해변, 덕신해변, 무릉교, 수산교	

코스	구간		거리		
26	수산교 ↔	죽변항	16.2km	수산교, 울진엑스포공원, 연호공원, 봉평해변, 죽변항	울진
27	죽변항 ↔	부구삼거리	9.2km	죽변항, 옥계서원유허비각, 부구삼거리	
28	부구삼거리 ↔	원덕버스정류장	12.4km	부구삼거리, 고포항, 호산해변, 원덕버스정류장	
29	원덕버스정류장 ↔	절터골	22.0km	원덕버스정류장, 옥원소공원, 절터골	
30	용화레일바이크역 ↔	궁촌레일바이크역	7.2km	용화레일바이크역, 황영조기념공원, 궁촌레일바이크역	삼척
31	공양왕릉입구 ↔	맹방공원	8.8km	공양왕릉입구, 재동소공원, 맹방공원	
32	맹방공원 ↔	추암해변	22.6km	맹방공원, 상맹방해변, 삼척항, 새천년해안유원지, 삼척해변, 추암해변	
33	추암해변 ↔	묵호역	13.3km	추암해변, 동해역, 한섬해변, 묵호역	
34	묵호역 ↔	옥계시장	18.9km	묵호역, 대진항, 망상해변, 옥계시장	
35	옥계시장 ↔	정동진역	13.4km	옥계시장, 옥계해변, 금진항, 심곡항, 정동진역	강릉
36	정동진역 ↔	안인해변	9.5km	정동진역, 당집, 안인해변	
37	안인해변 ↔	오독떼기전수관	17.6km	안인해변, 수변공원, 오독떼기전수관	
38	오독떼기전수관 ↔	솔바람다리	18.5km	오독떼기전수관, 구정면사무소, 모산봉, 중앙시장, 솔바람다리	
39	솔바람다리 ↔	사천진리해변	16.1km	솔바람다리, 허균허난설헌념관, 경포대, 사천진리해변	
40	사천진리해변 ↔	주문진해변	12.4km	사천진리해변, 연곡해변, 주문진읍, 주문진해변	
41	주문진해변 ↔	죽도정입구	12.2km	주문진해변, 지경해변, 남애항, 광진해변, 죽도정입구	양양
42	죽도정입구 ↔	하조대해변	9.6km	죽도정입구, 기사문항, 하조대, 하조대해변	
43	하조대해변 ↔	수산항	9.4km	하조대해변, 여운포교, 동호해변, 수산항	
44	수산항 ↔	속초해맞이공원	12.5km	수산항, 낙산해변, 낙산사, 정암해변, 속초해맞이공원	
45	속초해맞이공원 ↔	장사항	16.9km	속초해맞이공원, 대포항, 속초항, 속초등대전망대, 장사항	
46	장사항 ↔	삼포해변	15.0km	장사항, 청간정, 천학정, 능파대, 삼포해변	
47	삼포해변 ↔	가진항	9.7km	삼포해변, 철새관망타워, 가진항	
48	가진항 ↔	거진항	16.4km	가진항, 연어맞이광장, 거진항	고성
49	거진항 ↔	통일안보공원	11.8km	거진항, 역사안보전시관, 대진등대, 금강산콘도, 통일안보공원	
50	통일안보공원 ↔	통일전망대	11.7km	통일안보공원, 명파초등학교, 제진검문소, DMZ박물관, 통일전망대	

위키백과자료

통일여정의 출발

17

첫째날

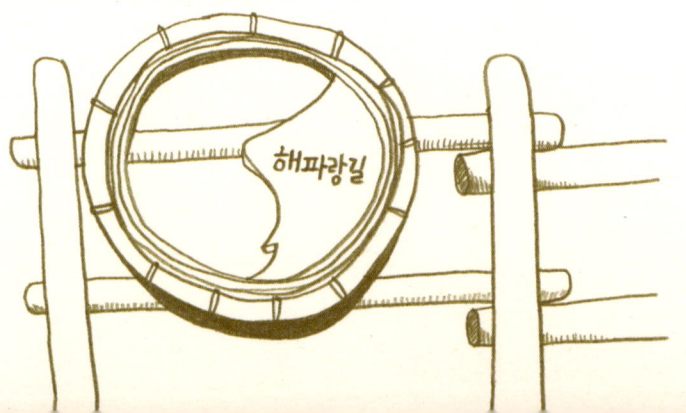

통일, 그 간절함의 여운

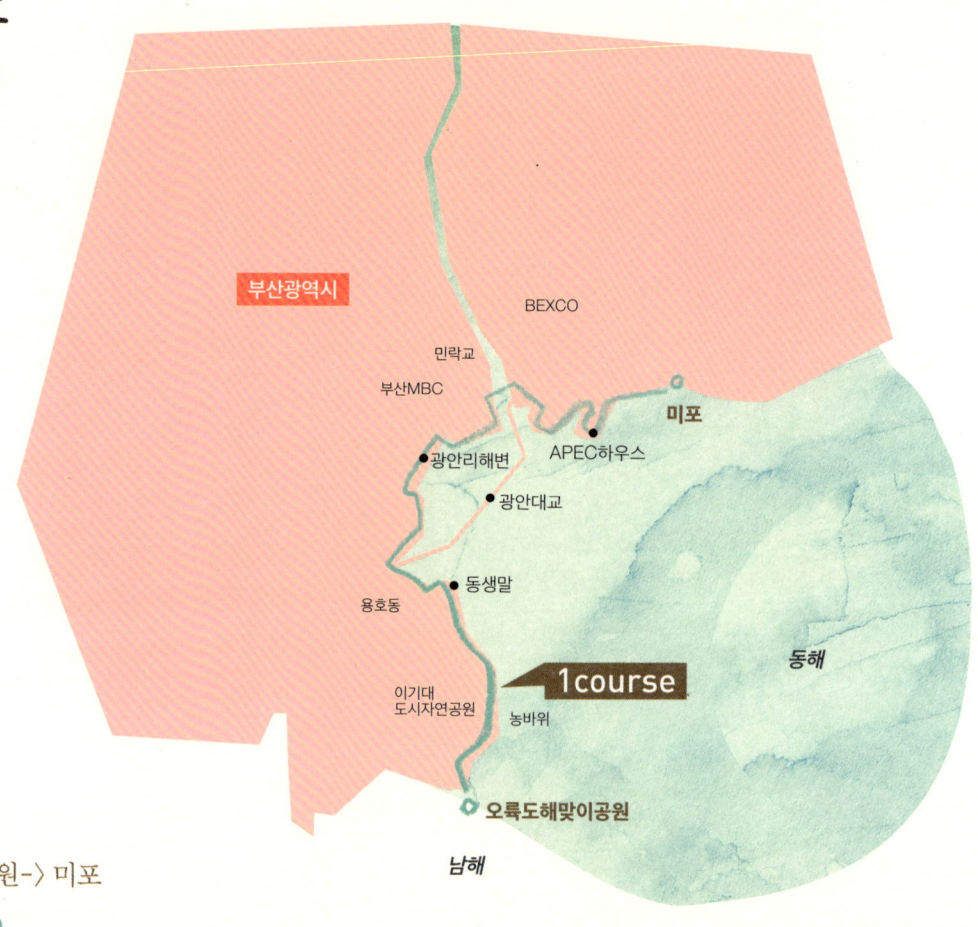

해파랑길 1코스는 부산 오륙도해맞이공원에서 출발해 광안리와 해운대를 거쳐 미포까지 이르는 길이다. 부산하면 의례히 해운대와 광안리를 떠올리는 사람이 많다. 우리는 한 여름 피서지로 해수욕을 즐기는 해운대와 광안리 바다가 아닌 통일의 눈으로 이 길을 걸으며 거기에 서 있는 사람을 보려 한다. 하늘과 바다가 맞닿아 경계가 사라지고 거기에 사람이 서 있다. 오랜 시간 세찬 파도에 부딪히고 깎여 사라질 만도 한데 홀로 그 자리를 지키고 견디어 낸 모습이 대견하다. 첫 시작점에 서서 아이들은 무엇을 그리고 펼치며 생각할까?

그대들이 걸어갈 세상도 세찬 풍파와 모진 바람을 견뎌내야만 하는 사실을 알고 있을까? 더욱이 우리 앞에 펼쳐질 그 세상이 아직은 하나가 아닌 둘로 쪼개지고 나뉘어 움푹 패인 상처로 아파하는 분단의 세상이라는 사실을…

해파랑길의 시작을 알리는 상징은 어우러짐이다. 동해와 남해가 갈라지고 또 만나 어우러져 바다라는 이름으로 섞이는 곳, 그 어울림이 바로 해파랑길 1코스다. 사람이 만들어 놓은 표식 하나가 없었다면 바다는 한 파도를 맞는 바다일 뿐이다. 사람이 나누고 갈라 한 바다가 동해와 남해로 구별된다. 남한도 북한도 원래 하나였다. 사람이 가르고 나누어 하나의 선을 긋고 그 자리에 표식을 세워 구분했을 뿐이다. 단 하나의 선에 불과할진대 그 선을 없애고 합치기가 이리도 어려운 일이었을까? 여전히 그 선은 견고하고 단단하다.

　그 구별의 선 위에 아이들이 섰다. 분단의 아이들이…

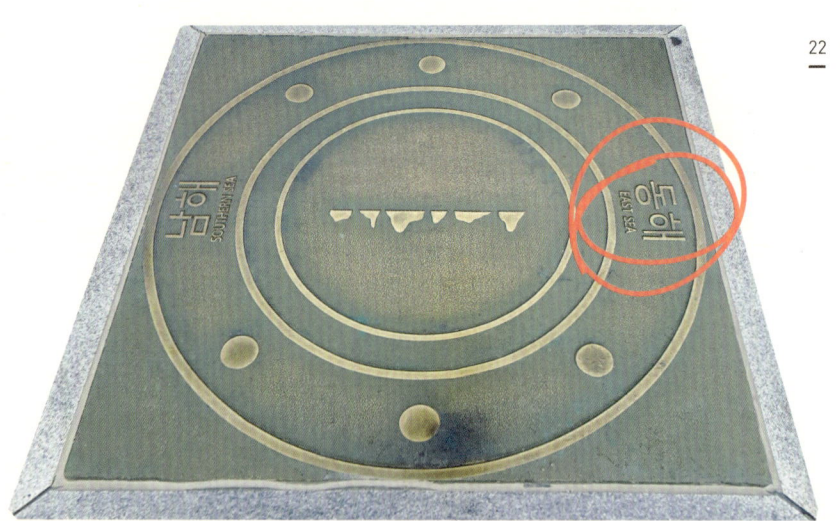

동해와 남해가
갈라지고
또 어우러지는 곳

해파랑길 1코스에서 부른
홀로아리랑

첫째 날, 서먹함과 어색함으로

　어색함도 잠시, 이내 아이들은 10대를 살아가는 같은 또래의 친구들이 되어 주었다. 남한이나 북한 그리고 중국이라는 각기 다른 지역에서 출생했다는 이유가 그들에게는 그 어떠한 막힘이나 걸림돌이 되지는 않아 보였다. 단지 어색함이란 10대 사춘기의 아이들이 흔히 겪을 이성간의 문제로 아직은 서로에게 익숙하지 않은 모습만이 보일 뿐이었다.

　그날 몸을 가눌 수 없을 정도의 세찬 바람이 앞길을 막아섰다. 버스에서 내리지 말고 그냥 다음 코스로 이동해야 하는 것이 아닐까 하는 걱정이 앞설 만큼 바람은 거세고 강했다. 바람을 맞는다는 표현보다 바람에 날려 갈 것 같다는 말을 실감할 정도였다.

　새벽같이 집을 나선 아이들이 발 딛고 선 첫 번째 장소는 해파랑길의 출발지다. 왜 이 길을 가야하는지, 어디를 어떻게 가야 하는지에 대한 다짐의 시간이 필요했다. "해파랑길은 부산에서부터 시작해 강원도 고성에 이르는

770km 바닷길을 연결한 길이라는 것", 그거 외에는 아무것도 설명하지 않았다. 어느 지점에 버스가 도착하면 우르르 내려 무심히 기념사진만 찍고 대략 가이드의 설명을 들은 후 황급히 그 자리를 떠나는 여행이 아니기를 바랐다. 우리의 여정은 길에서 통일을 만나야만 하는 시간이었다. 장소에 대한 설명보다 아무것도 아닌 듯 보이는 그 길을 걸으며 아이들 스스로 통일과 관련된 그 무엇인가를 찾아내는 것이 바로 이번 여정의 목적이었다. 풀 한 포기, 나무 한 그루, 돌멩이 하나까지도 모두 분단의 나라에 주어진 것들이니 그 사소한 것 하나에도 통일의 눈을 담아 보면 분명 아이들은 새로운 통일의 표식을 찾아낼 것이다.

남한 출신 브니엘고등학교와 북한 출신 장대현학교가 만났지만 사실 참가 학생 46명의 아이들을 단순히 두 학교의 만남만으로 규정하기에는 그 출신과 사연들이 너무나 달랐다. 흔히 남북한 출신이라 표현하지만 탈북여성이 중국에서 출생한 아이들은 그 정체성이 남한도 북한도 아닌 그렇다고 중국인이라고 하기에는 더더욱 불분명한 정체성을 가진 아이들이 포함되어 있다. 우리말 보다 중국말 사용이 더 익숙한 이른바 제3국 출생 자녀들은 이번 행사의 포스터에 새겨진 '남북한 출신 아이들이 떠나는 국토 통일 기행'이라는 문구에서부터 함께 어우러질 수 없는 이방인이 되어 있었다. 분단은 그런 것이었다.

홀로아리랑. 독도와 같은 존재. 외로운 섬 하나 홀로 서서 모진 비바람과 풍랑을 견디어 내고 있는 모습이 바로 지금 우리와 함께 길을 떠나고자 하는 분단의 아이들과 똑같이 닮았다는 생각이 들었다. 아직은 함께 손을 맞잡기에 분명 어색한 아이들이다. 남북한 출신 아이들이라 불릴 만큼 각자가 걸어온 길은 서로 달랐다. 그 다름의 차이를 함께 보듬고자 아이들이 손을 잡았다. 처음 주어진 미션은 '홀로아리랑'을 함께 부르기였다.

"자, 옆 사람의 손을 잡고 다같이 홀로아리랑을 불러 봅시다"라는 말에 아이들은 선뜻 손을 내밀지 못했다. 처음 만난 사이의 서먹함이라기보다 분단의 시간을 각각 다르게 살아온 다름의 차이가 아이들을 구별 짓게 했다.

{ 홀로아리랑
저 멀리 동해바다 외로운 섬 하나
오늘도 거센 바람 불어오겠지
조그만 얼굴로 바람 맞으니
독도야 간밤에 잘 잤느냐 }

770km의 여정 가운데 이제 막 출발점에 선 아이들이기에 처음부터 많은 것을 기대하지는 않았다. 조금은 어색하고 서먹해도 아이들은 둥글게 하나의 원을 그리고 손을 맞잡았다. 홀로아리랑이라는 노래가 익숙하지 않은 아이들은 핸드폰에서 가사를 찾아 함께 보며 머리를 맞대었다. 아이들에게 분단은 그리 문제가 되지 않았다. 그저 이 시대를 살아가는 여느 10대의 또래 아이들과 같이 그들은 밝고 맑았다.
분단시대를 살아가는 아이들...
바다 한 가운데 외로운 섬과 같은 아이들...

29

통일을 느끼다

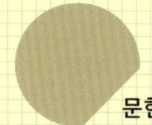
문현오

가장 먼저 갔던 오륙도에서는 바람이 정말 많이 불었다. 정말 엄청난 바람이었다. 첫 코스가 이렇게 힘들었다는 사실에 앞으로의 여정도 많이 걱정이 되었지만 장대현 학생들의 첫 인상이 굉장히 좋았다는 것에 만족을 했다. 장대현 학생들은 예상보다 훨씬 밝았고, 그 분위기에서 더 활기찬 여정을 이어갈 수 있었다는 것에 감사했다. 탈북자이기 때문에 저마다의 슬픈 사연이 있을 것이라는 것을 생각하면 대단한 사람들일 것이라는 느낌을 지울 수 없었다.

민경호

통일 포럼이라는 동아리를 통해 장대현학교의 학생들과 함께 여행을 떠나게 되었다. 아침 6시 50분까지 집합이어서 5시 반에 출발한 나는 피곤한 몸을 이끌고 도착을 했다. 장대현학교의 학생들과 인사를 하고 함께 버스를 타고 해파랑길 시작 지점으로 갔다. 바람이 너무 센 나머지 머리카락과 옷이 다 날렸지만 4박 5일간의 긴 여정이 시작된다는 생각에 설레고 기뻤던 것 같다. 윗동네 학생들과 함께 손을 잡고 원으로 모여 홀로 아리랑을 불렀다. 가사는 잘 몰라도 하나가 된 듯한 느낌이 들어서 소름이 돋았고, 빨리 홀로 아리랑을 외워 합창할 수 있었으면 좋겠다는 생각도 들었다.

통일 백일장

박보연

과연 내가 무엇을 위하여 이곳에 왔을까?
내가 진정 원했던 결말은 이런 것이었나?
조국을 해 살아왔건만 그 세월이 원통하다. 간절히 지금 상황이 꿈이길 바란다. 내가 내 동지를 죽이느니 자결이라도 하고 싶다. 온몸에 경련이 일어난다. 방아쇠를 당겨야 할까? 내 눈물로 인해 눈앞이 보이지 않는다. 동지가 동지에 의해 죽고 있다. 드디어 나의 차례다. 잠깐 나도 언젠가 죽을 것인데 내가 왜 잔인하게 내 동지를 죽이려고 하는 것이지? 차라리 내가 먼저 자결하겠다. 총을 머리에 겨누고 방아쇠를 당긴다. '탕!' 철퍼덕.

통일엽서

박지연

아빠 안녕!
나는 지금 통일 관련된 프로그램을 하고 있어요.
아빠 보는 그 날을 기다리며 이것을 쓰는데 언젠가는 이렇게 우편이 아닌 얼굴을 마주보며 이야기할 수 있는 그 날이 빨리 왔으면 좋겠어요.

울주군 민주평화통일자문회의
여성지도자와 함께 한 좌담회

함께 나누는 통일식탁 : 애야, 밥 먹고 가라

해파랑길 4코스에서 아이들이 통일시대를 꿈꾸는 사람들을 만났다. 민주평화통일자문회의 울주군협의회(회장 김달줄)에서 지역을 방문한 아이들에게 '밥이나 먹고 가라'며 초대해 주었다. 길에서 만나는 통일이라는 주제로 출발했기에 여정 속에 다양한 프로그램을 기획했다. 그중 하나로 지역에서 통일을 위해 일하는 여성지도자들과의 좌담회를 통해 아이들과 기성세대가 함께 묻고 답하는 시간을 가졌다. 아이들이 주인공이 되어 답변자가 되고, 기성세대가 질문자가 되었다.

'애야 밥 먹고 가라'는 엄마의 마음이었다. 그렇게 엄마의 마음으로 따스한

밥 한 끼 함께 나누며 통일식탁을 만들고 싶었다. 통일이 거창한 일이 아니라 남북한 출신 사람들이, 엄마와 아이들이 함께 식탁에 둘러앉아 오순도순 정을 나눌 수 있는 것이라 생각했다.

민주평화통일자문회의 울주군 협의회 여성위원들과 지역 여성단체협의회장은 자신들의 아들, 딸 마냥 정겹게 맞아 주었다. 객지에 나갔다 돌아온 자식을 맞는 엄마의 마음처럼 말이다. 엄마의 정이 그리웠던 아이들에게는 더할 나위 없는 선물이 되었다.

기성세대가 묻고 아이들이 답하다

민주평화통일자문회의 울주군 여성지도자들과 함께 한 좌담회에 남한청소년 대표로는 상준이가 북한청소년 대표로 철민이가 참여했다. 남북한 출신 대표들은 어떤 이야기를 서로 나누었을까?

좌담회는 상준이가 철민이에게 질문하는 것으로 시작되었다. 북한 출신 철민이는 '남한 사람들이 통일에 대해 생각하는 것이 마치 일제 강점기 때 일본이 우리나라를 수탈하는 것과 같은 느낌을 받았다'고 말했다. 우리가 지금까지 생각한 통일의 필요성과는 전혀 다른 관점이라 모두들 놀랄 수 밖에 없었다. 그들의 이야기를 직접 들어보자.

통일해서 북한 자원 다 뺏자는 느낌이 들어요

송상준(이하 송) 남한에 와서 남한 사람들이 통일에 대해서 이야기 하는 거 보면 어떤 생각이 들어?

박철민(이하 박) 한국에 오니까 통일을 대부분 경제적인 편익으로 생각하는 것 같더라구. 통일되면 북한의 지하 자원이 많고, 그걸 잘 개발하자는 식의 이야기가 제일 많았어. 그런데 난 그게 좀 싫더라구요. 마치 일제 강점기 때 일본이 우리나라 쳐들어와서 자원 수탈해 가는 그런 느낌이랄까… 난 저쪽에(북한) 남겨두고 온 사람이 있는데 남한 사람들은 그런 건 아니잖아. 내가 생각하는 통일의 이유와는 좀 다른 것 같아.

강동완(이하 강) 철민이 입장에서는 마치 '일본사람들이 한국에 와서 자원 수탈해 가는 그런 모습이었지 않나'라는 생각을 한 것 같아요. 사실 저도 철민이 얘기를 듣고 순간 멍했어요. 정말 우리가 북한 사람입장이라면 그렇게 생각할 수도 있겠구나. '입장 바꿔 생각해봐' 요즘 그런 표현 많이 있지 않습니까. 그래서 정말 북한사람 입장에서 이 얘기를 들으면 '기분 나쁠 수도 있겠구나'라는 생각이 드네요. 북한 주민들을 위해서 통일해야 한다는 말은 전혀 없으니까요. 사람의 통일, 이 한마디면 되는데 우리는 통일의 이유를 찾잖아요. 설득해야 하고, 경제적 이유를 찾아야 하구요. 철민이로부터 깊은 울림이 있는 답변을 들었네요. 그러면 반대로 상준이에게 남한 출신 청소년들은 어떤 생각을 가지고 있는지 들어보도록 하겠습니다.

송 먼저 남한에서 교육 받은 학생으로서 우리나라에서 통일교육을 어떻게 하는지 말씀드리면, 통일교육을 많이 하지는 않는데 그 중에서도 통일을 어떻게 하고 왜 해야 하는지 그걸 설명해주거든요. 그런데 교과서에 나와 있는 설명을 보면 남한의 자본과 북한의 기술을 합쳐서 동북아시아의 최고의 나라가 될 수 있다는 설명이 많아요. 아니면 북한의 금강산을 관광할 수 있거나 기차 타고 유럽까지 갈 수 있다는 내용이 나온단 말이에요. 그런데 제가 한번 질문 해보고 싶은 거는 '우리가 언제부터 통일에 이유를 따지기 시작 했나'인거죠. 통일이라는 게 사실 우리가 하나였는데 다시 하나가 되는 거잖아요. 그런 점에서 통일교육을 다시 재정립해야 하지 않을까 생각됩니다. 지금 우리는 머릿속으로만 통일을 이해하고 그거를 반박하고 서로 주장하는데 그게 아니라 가슴으로 통일을 이해할 때라고 생각합니다.

남북한 축구 경기, 누구를 응원할까?

강 대한민국을 사는 청소년들이 상준이 같이만 생각한다면 얼마나 좋을까라는 생각을 감히 해봅니다. '아이들은 어른을 비추는 거울이다.' 이렇게 표현을 하기도 하고, 순수한 마음에 배움을 주기도 합니다. 제가 강의를 하고 통일에 대한 많은 이야기들을 했지만 오늘 두 아이들을 통해서 굉장히 깊은 마음의 울림들이 있는 것 같습니다. 잠시 분위기를 바꿔서 재밌는 질문 하나 해보겠습니다. 여러분들은 남한과 북한이 축구 경기를 한다면 누구를 응원하시겠습니까. 누구든지 이겨라? 이기는 편 내 편. 자 북한을 응원하시겠다. 손 들어보세요. 반대로 남한 손 들어보세요. 저기 한 여성위원님은 북한을 응원하시겠다고 손 드셨는데 특별한 이유가 있으세요?

여성위원 1 저는 늘 남한이 축구를 더 잘한다고 생각했어요. 그래서 약자 편에서 응원할려구요.

강 특별히 남북한을 가르지 않고 약자 입장에서 응원하겠다는 말씀이네요. 자 다시 북한을 응원하겠다 하시는 분 손 들어보세요.

여성위원 2 저는 그냥 우리가 하나라고 생각하거든요. 그래서 이것도 편견이겠지만 지금 우리가 더 나으니까... 아까 정위원님 말씀대로 그렇게 약자 편에서 응원하겠다는 생각에 북한을 응원하고 싶어요.

강 네 좋습니다. 저기 뒤에 박보영 학생도 북한을 응원하겠다고 손을 들었는데 이유가 있어요?

박보영 학생(북한 출신) 북한 축구선수들이 남한과의 경기에서 지면 엄청 큰 압박을 받는다고 들었어요. 남한 선수들은 어차피 져도 그냥 패배라는 그것만 달고 가면 되는 건데, 북쪽 선수들은 지게 되면 굉장히 큰 압박을 받는다고 들었어가지고 저는 북쪽을 응원합니다.

강 흔히 언론에도 그런 얘기 많이 나오잖아요. 남한과 북한의 경기에서 지면 '북한 축구팀 감독이 숙청되었을거다'라는 추측성 보도가 나오잖아요. 그건 사실일까요? 아닐까요?

박 저는 잘 모르겠어요.

강 그렇지요? 알 수 없는 거지요. 그런데 그건 남한도 마찬가지에요. 우리가 축구선수들은 어쨌든 경기에서 지면 거기에 대한 질책이 있기 마련인데... 이런 질문은 남북한을 모두 경험한 탈북청소년들에게는 굉장히 고민스러운 질문인 것 같아요. 철민이에게 이 질문에 대한 답변을 직접 들어보도록 하겠습니다.

박 만약에 여러분들이 제 입장이 된다면 어떤 생각을 할까요? 여러분들 입장에서 한번 말해 볼게요. 한국에서 태어났어요. 한국이 정말 나빠져서 북한으로 탈남 했어요. 그래서 북한으로 갔다고 합시다. 북한에 갔는데 이제 어쩌다 보니까 북한하고 한국이 축구경기를 하게 됐어요. 근데 제가 태어난 곳은 한국이에요. 지금 살고 있는 곳은 북한이에요. 한국 정부가 나쁘다는 걸 알고 있어요. 북한이 좋다는 것도 알고 있어요. 근데 자기의 정체성은 확실하게 남한사람이잖아요. 태어난 곳이 남한이잖아요. 출생지는 바꿀 수 없는 거잖아요. 다시 돌아와서 저는 지금 법적으로 대한민국 국민이에요. 축구 경기를 한다 하면 제가 한국을 응원해도, 북한에 대해서 미안한 마음이 있지요. 정말 애매한 거예요. 이런 질문은 엄마가 좋냐 아빠가 좋냐 뭐 그런 느낌이지요. 그냥 저 같은 경우는 북한이 이기면 북한이 이기는 거고, 한국이 이기는 거지 하며 신경 안 써요. 그래도 내 주변에 있는 한국 사람들 때문에 약간 눈치가 보이긴 해요. 솔직히 말하면 북한이 이겼으면 좋겠어요.

여성위원3 피는 물보다 진하기 때문에 그럴 수 있을 것 같아요.

박 네. 그런데 그렇다고 해서 또 한국이 지길 바라는 건 아니에요. 한국이 이겼다고 해서 제가 막 열 받거나 그런 건 아니고 한국 이기면 좋고, 북한이 이기면 더 좋고 그런 거에요(웃음).

중국에서 태어난 아이들

ᵃ 네, 엄마가 좋아? 아빠가 좋아? 아주 우둔한 질문을 제가 한 것 같습니다 (웃음). 그런데 한국을 응원하든, 북한을 응원하든 다 같이 우리가 한 마음으로 응원할 수 있는 경기가 딱 하나있죠. 일본과 경기할 때는 아마 남북한 사람들이 하나가 되지 않을까 싶어요. 그런데 여기에서 그치지 않고 문제가, 또 다른 문제가 하나 있습니다. 바로 이 자리에 있는 중국에서 온 아이들입니다. 엄마는 북쪽 사람, 아빠는 중국 사람 사이에서 태어난 아이들이지요. 그러면 과연 이 친구들은 또 어디를 응원 할까요?

ᵇ 대부분 어머니가 북한 사람인데, 중국에 태어나서 지금 한국에 와있는 애 있어요. 애들 좀 많아요. 같은 반에도 지금 몇 명 있어요. 수업하는데 사회담당 선생님이 사회시간에 국제정세에 대해서 말씀하셨어요. 한 때 중국 어선들이 한국으로 고기잡이 와서 문제가 된 적이 있었잖아요. 그리고 최근에 사드문제도 있었고… 일단 그 점에 대해서는 확실하게 중국 측에서 잘못하고 있는 게 맞는데, 그 문제에 대해 선생님이 뭐라고 말씀했는데, 중국에서 태어난 애니까 좀 기분이 나빴던 것 같아요. 그런데 그 아이 입장에서 들어보면 자기가 태어난 곳이 중국이니까… 정말 쉬운 문제는 아닌 것 같아요. 그 뒤로 사회 선생님도 그런 이야기 잘 안 하세요. 그게 약간 애매한 것 같아요.

ᵃ 자 이 얘기를 듣고 우리 상준이가 해답을 내렸어요. 물론 최종적인 결론은

아니지만... 이건 결국 뭐가 되면 해결될까요?

송 통일이요.

강 네, 통일이 되면, 통일되면 다 해결 될 문제들인데 아직 통일이 안 되어서... 그래서 지금 이 자리에 계신 여성위원님들과 청소년들의 역할이 큰 것 같아요. 상준이는 이런 경험을 못해봤지만 이런 이야기를 듣고 어떤 생각이 드는지 참 궁금하네요.

송 사실 저희 학교에 통일포럼 동아리를 한다고 해서 왔는데 그전까지는 탈북민 학생들 본 적도 없었고, 또 이런 통일교육도 제대로 받아본 적이 없었거든요. 그래서 이번 기회가 통일에 대해 함께 생각해 볼 수 있는 좋은 기회가 되는 것 같아요. 북한 출산 청소년들은 자아정체성 문제로 많이 힘들 것 같다는 생각이 들어요. 그 문제를 해결하기 위해서는 통일이 빨리 되어야 한다고 생각합니다.

강 법적으로는 우리 헌법에 그렇게 나와 있죠. 한반도 부속도서를 포함한다. 같은 나라, 같은 민족, 같은 동포 이렇게 표현하고 있는데, 그야말로 우리가 제도적인 통일이 이루어져야만 이런 문제들이 다 해결될 수 있지 않을까 생각이 됩니다. 이렇게 아이들의 생각들을 들어보니 평소에 제가 생각하지 못했던 내용이 많아 참 의미 있고 재미있네요. 이제 마이크를 여성위원님들께 넘겨보겠습니다. 아이들한테 질문 있으면 편하게 질문해 주시기 바랍니다.

북한 주민들도 통일을 원할까?

여성위원 4 철민이에게 궁금한 거 하나 물어보고 싶은데, 북한 주민들도 통일을 다 원하고 있습니까?

박 네. 원하죠. 제가 알기론 제 친구들 중에 통일을 반대하는 사람은 없습니다.

여성위원 4 그런데 뉴스를 보면 북한 주민들이 남한이라 하면 이를 갈 듯이 적개심을 보이는 모습이 있잖아요. 통일을 절대 원하지 않는 느낌이 들던데…

박 그건 제가 말씀 드렸듯이 양면성이 있는 거예요. 국민들에 대해서는 그렇게 생각하고 정부에 대해서는 나쁘게 말하는 거지요. 우리도 북한 나쁘다하면 북한 정부에 대해 말하는 거고, 북한 사람하면 인민들 얘기하는 거잖아요. 북한 사람들이 '남조선 타도하자' 하면 그건 남조선 정부를 말하는 거지 절대로 남한 사람들 보고 그러는 거 아닙니다. 그런데 사실 북한에서는 통일을 원하고 원하지 않고 그런 건 없어요. 북한은 국가가 밀고 나가는 거지. 국가가 하라고 하니까 그냥 하는 거죠.

남북한 청소년의 학업 격차

여성위원 5 예. 저도 철민군한테 물어보고 싶은데. 공부 잘 하세요? 그냥 편하게 말씀하세요(웃음)

여성위원 1 : 공부 하기는 힘들죠?

박 솔직히 제가 생각하기에 아직 제 실력이 일반학교 애들만큼 그렇게 높진 않은 거 같아요. 제가 한국에 처음 왔을 때는 지금 학교(장대현학교) 안 다녔거든요. 대안학교 말고 그냥 일반 학교 다녀봤거든요. 제 생각에는 초등학교 6학년? 중학교 1~2학년 정도까지는 제가 봤을 때 북한이 좀 더 학력수준이 높은 거 같아요. 교재 같은 게 많이 앞서나가 있어요. 피타고라스 공식을 한국에서는 중학교 때 배우나요? 중학교2학년인가? 북한에서는 제가 초등학교 4학년 때 배우고 왔거든요. 여기 나이로는 초등학교 5학년 그때 배웠는데...

여성위원 5 그러면 지금 장대현학교 친구들의 공부에 대한 생각은 어떤 거 같아요?

박 저 같은 경우는 북한을 탈북하기 전날까지 공부하다 나온 경우예요. 한국에 왔는데 아무리 짧아도 한 학기는 포기해야 돼요. 국정원, 하나원 등을 통과해야하기 때문에 시간이 좀 걸리는데 일단 한 학기나 일 년 정도는 그냥 못한다고 생각해요. 저 같은 경우는 탈북 하기 전날까지 공부했는데 제가 알기로 다른 아이들은 대부분 학교를 중퇴한 경우도 있어요. 그럼 아무래도 학업을 따라가기가 어렵겠지요.

강 이야기를 나누다 보니 벌써 마칠 시간이 되었네요. 기성세대가 아이들에게 질문하는 시간이 참 의미가 있네요. 남북한 출신 대표로 참여해준 상준이와 철민이에게 뜨거운 박수 부탁드립니다. 감사합니다.

통일 한줄 생각 : 나에게 통일이란...

나에게 통일이란 과연 어떤 것일까?
'통일 한줄 생각'이라는 주제로 아이들이 그리는
통일의 의미를 살짝 엿보았다.

자오뢰 나에게 통일이란 '지우개하고 무지개'다. 통일된 다음 사람들이 지우개와 종이처럼 마찰하면서 서로의 상처를 지워준다. 그리고 고난후 행복의 무지개를 보일 것이다.

김건우 나에게 통일이란 '행복한'이다.
남과 북은 떨어져서 가족을 만날 수가 없습니다.
통일이 되면 가족이 만나고 하나님의 자녀가 될 수 있어서 행복해요.

황은지 나에게 통일이란 '보고 싶고, 알고 싶고, 만지고 싶은 것'이다.
통일은 나에게 너무 막연해 ㅠ.ㅠ 통일아 너를 보고, 만나고, 직접 알아가고 싶어! 나는 느낌이 중요한 사람인데... 언제 너를 볼 수 있을까. 만질 수 있을까.

이우림 나에게 통일이란 '수능'이다.
준비과정은 어렵고 결과물은 닫힌 뚜껑 마냥 보이지 않는다. 하지만 수능 시험장에서 맛있게 익은 통일이라는 요리가 여러분의 눈앞에 나타날 것이다.

유달주	나에게 통일이란 '통통 튀는 너와 나, 남과 북이 일치가 아니라 일체감을 가지고 어울려 사는 것'이다. 인위적은 하나 됨을 강조&강요할 수는 없고 그러다 보면 더 큰 갈등을 초래할 수 있으니 우리의 몸의 각 기관이 각기 제 역할을 잘 해서 한 몸이 세워지듯 일체감을 이루는 것이 중요하다고 여겨지기에.
박지연	나에게 통일이란 '아빠'이다. 아빠가 보고 싶을수록 통일을 더욱 간절히 바라기 때문이다.
서도하	나에게 통일이란 '미뤄둔 숙제'이다. 태어나면서부터 받은 숙제였다. 해야한다는 것도 빨리하면 할수록 좋다는 것도 미루면 미룰수록 더 큰 숙제가 된다는 것도 알았다. 그러나 능력이 부족하다고 시간이 없다고 다른 누군가가 할 것이라고 미뤄두었다. 이제는 연필을 들어 숙제를 풀기 시작해야겠다.
김두원	나에게 통일이란 '바다의 수평선'이다. 바다 수평선의 끝을 향해 다가갈 수 있지만 통일과 마찬가지로 다가가는 과정이 멀고 오래 걸리기 때문.
이종국	나에게 통일이란 '테이프'이다. 땅은 붙어있지만 마음은 떨어진 남북한 사람들의 마음을 이어줄 수 있기에.

박영진	나에게 통일이란 '징검다리'이다. 분열된 마음과 마음을 이어주듯 통일이라는 징검다리를 건넌 후에야 진정 하나 된, 함께 뛰노는 아이들의 모습을 볼 수 있기 때문이다.
강미영	나에게 통일이란 '더 자람'이다. 통일이 되면 더 넓은 공간의 물적 자원과 더 많은 인적 자원이 모여 더 큰 나라로 자랄 수 있기 때문이다.
김태연	나에게 통일이란 '만점'이다. 받기는 힘들지만 노력해서 받을 만한 가치가 있기 때문이다.
유숙희	나에게 통일이란 '봄'이다. 현재 대한민국은 대외적으로 매우 힘든 시기입니다. 들판에 피어나는 잡초가 어려운 겨울을 이겨내 따뜻한 봄을 맞이하듯 나에게 통일이란 새로운 시작, 그리고 힘든 시기를 이겨내 더욱 단단해진 나라로 가게 해 줄 밑거름이 될 수 있을 것이라고 생각합니다.
이영아	나에게 통일이란 '잃어버린 소중한 열쇠'이다. 꼭 찾아야 하는 열쇠(통일…) 찾지 못해 더 안타까운, 빨리 찾아서 제 때 사용해야 될 내용물들…

김소연 나에게 통일이란 '자유와 평화, 행복 그리고 사람들의 마음'이다. 통일이 되면 자유롭게 북한에도 갈 수 있고, 보고 싶은 친구들도 만나고 북한을 넘어 온 사람들의 마음이 편안하니까 통일에 대한 맘이 있어야 통일이 되니까.

박보연 나에게 통일이란 '카이로스'이다.
통일을 모르는 누군가에게는 크로노스이겠지만 그것을 아는 나에게는 언제나 항상 카이로스이다.

김상윤 나에게 통일이란 '나에게 존재감이 없고 까마득한 먼 미래 같다'.
분단의 고통을 겪지 않아 통일이라는 말을 들었을 때 아무 감흥이 없고 주위에서 말로만 통일이라 말하고 그에 대한 행동이 보이지 않는다.

최상윤 나에게 통일이란 '더 나은 내일'이다.
현재 우리나라의 국방, 경제, 이산가족 문제들을 가장 빨리, 가장 많이 해결할 수 있기 때문이다. 그렇게 된다면 분단의 고통으로 상처받고 있는 사람을 치유할 수 있고 현재 나라의 어려움, 한계를 좀 더 효율적으로 뛰어넘어 더 나은 미래를 가진 나라가 될 것 같기 때문이다.

이태우 나에게 통일이란 'new'이다.
새로운 친구가 생기고, 새로운 곳을 여행할 수 있으며, 새로운 미래가 보이고 새로운 세상이 생겨날 것이다.

최유정	나에게 통일이란 '세상에서 단 1번뿐인 소중한 통일이다.' 우리들에게는 소중한 통일인 이유는 이산가족을 만날 수 있고 이로운 점을 더 채울 수 있는 소중한 우리들의 통일은 1번뿐이다.
김우진	나에게 통일이란 '우리의 짐을 덜어주는 동반자'이다. 우리 남한만으로 해결되지 않는 짐과 북한만으로 해결되지 않는 짐을 통일을 통해 해결할 수 있어서.
배한수	나에게 통일이란 '바다'이다. 너무나도 큰 존재이지만, 이름답고, 훌륭한 것이며 내가 자주 생각하는 곳이다. 많은 이들에게 위안이 되는 곳이기도 하지만, 반대로 무서운 존재이기도 하다.
강민석	나에게 통일이란 '언젠가 다다를 수 있는 이상'이다. 우리나라의 통일은 불가능한 것이 아니며 완전히 바랄 수만 있다면 이루어질 수 있는 이상이기 때문이다.
박세려	나에게 통일이란 '공부 같다.' 힘들고 어려운 것이지만 우리가 앞으로 더 좋은 세상에서 살기 위해서 꼭 필요하다. 그리고 어떤 마음으로 하느냐에 따라 결과가 달라진다.

김동규 나에게 통일이란 '당연히 해야 하는 것'이다.
지금은 분단되어 있지만 원래 같은 민족이기 때문에 통일은 당연한 것으로 생각한다.

박준영 나에게 통일이란 '밤 하늘에 별'이다.
지금은 보이지 않지만 사이를 방해하는 무언가가 없어지면 보일 것이기 때문이다. (별=대기오염), 통일(우리의 북에 대한 고정관념, 북의 핵도발 등)

이원석 나에게 통일이란 '(다음세대 자녀들의)행복'이다.
북한과 통일이 되면 1. 위험이 사라진다 2. 북한의 핵원자로에서 에너지를 발생시켜 더욱 살기 좋은 나라가 된다 3. 인구가 늘어나면서 결혼하는 인구 비율이 많아질 것이고 고령화시대가 올 일은 별로 없을 것이다.

김상준 나에게 통일이란 '열쇠'이다.
통일을 통해서 잠겨져있던 문제들을 해결할 수 있고 평화로 갈 수 있기 때문.

문현오 나에게 통일이란 '해가 뜨는 것'이다.
너무나 당연하고 자연스럽게 일어날 일이기 때문이다.

전예나 나에게 통일이란 '우리의 미래'이다.
우리의 미래는 통일이된 대한민국이기 때문이다.

진태우 나에게 통일이란 '호흡'이다.
아무리 참는다고 하더라도 언젠가는 해야 하는 일이며 하는 것이 당연한 일이고 순리이다. 또한 호흡을 했을 때 (국가)=몸 전체에 (활기)=산소가 공급되어 더 활발하고 웅장한 발전이 가능하기 때문이다.

심현기 나에게 통일이란 '새로운 시작점'이다.
2개가 1로 결합되어 전의 것은 역사가 되어 새로운 시작점으로 될 것이다.

김준서 나에게 통일이란 '미래'이다.
언젠가 올 것이기 때문이다.

정동일 나에게 통일이란 '막연한 것'이다.
평소 통일에 대해 깊게 생각해 본 경험이 많지 않았기에.

염용혁 나에게 통일이란 '1. 한 민족이다 2. 핵'이다.
통일이 되면 우리 한반도는 하나가 되기 때문이다.
우리가 중심이 되어서 만들어 가는 통일이다.

이재영 나에게 통일이란 '오랜만의 만남'이다.
6.25전쟁 후 다 흩어지고 하니까 그래서 통일이 되면 이산가족이 다시 만나게 되고 해서 오랜만의 만남이라고 생각한다.

박영환 나에게 통일이란 '미래'이다.
자그마한 땅 덩어리마저 분리된 한반도에서 미래가 열리려면 통일은 선택이 아니라 필수이다.

염지은 나에게 통일이란 '또 한 번의 슬픔'이다.
통일이 되어 이산가족도 만나고, 나라가 하나 되어 기쁘기도 하지만, 통일이 되어도 못 만나는 이산가족과 각자 고정관념이 있을 수 있기 때문이다.

박하나 나에게 통일이란 '행복'이다.
나라가 하나 되었으니까!

윤정 나에게 통일이란 '또 다른 성공'이다.
우리가 통일을 간절히 원했다가 통일이 되면 이것이 성공인 것 같다. 무엇보다 이루어지길 바랬기 때문이다.

최수옥 나에게 통일이란 '다양성'이다.
통일을 준비하는 과정에서 다양한 생각과 다양한 사람들을 만나 새롭고 신비로운 통일을 준비하기 때문에.

김준수 나에게 통일이란 '솟아날 구멍'이다.
현재 우리나라의 현실대로 판단하였을 때 너무 안일한 사회에서 앉아있는 정

치만 유지되는 것 같아서 무언가 변화가 있어야하고 그 변화가 통일이라고 생각하기 때문에

조광은 나에게 통일이란 '통일은 없으면 여름방학 없는 8월 같다'
방학숙제 한 듯이 통일은 쉬운 일이 아니다.
그런데 누구나 여름방학 좋아한 듯이 통일이 없으면 안된다.

김건민 나에게 통일이란 '여백'이다.
비록 지금은 아무것도 채워져 있지 않지만 모두와 함께 여백을 채워나간다면 통일을 이룰 수 있을 것이다.

김지수 나에게 통일이란 '당신이다'.
머나먼 통일 그러나 내 주위 당신부터 통일을 외친다면 머나먼 통일이 아닌 곧 다가올 통일이 금방 와있지 않을까?

박소영 나에게 통일이란 '길'이다.
사랑하는 제자들이 걸어야 할 길이고 그들이 고향으로 돌아갈 수 있는 길이기 때문이다.

무명 나에게 통일이란 '혼란스럽다'
왜냐하면 이산가족은 가족을 찾으러 떠나고 북한에 꿈이 있는 사람들은 꿈을

찾아서 이익을 챙기는 사람들은 이익을 챙기러 많은 사람들이 혼란스러울 것이다. 서로의 길을 가느라... 그러기 때문에 처음부터 바로 잡아야한다.

김온유 나에게 통일이란 '평화'이다.
통일은 곧 평화이기 때문이다.
통일을 이루면 모두가 행복하고 나라가 평화롭게 돌아가기 때문이다.

한예지 나에게 통일이란 '일통'이다.
지리적으로만 하나가 아닌 분단된 두 쪽이 무엇이든 정말 하나가 되어야 진정한 의미의 통일이기 때문이다.

김동구 나에게 통일이란 '한 민족의 만남'이다.
원래 같은 민족이고 기껏 통일이 되었건만 소련이랑 미국이 우리를 신탁 통치를 해서 민주주의와 사회주의라는 이념이 대립해서 결국 같은 민족끼리 서로 싸움을 하여 결국 분단되었기에 통일이 된다면 같은 민족끼리 화합의 장을 열 수 있다고 생각한다.

민경호 나에게 통일이란 '믹서기'이다.
믹서기가 모든 재료를 섞는 것처럼 남과 북이 하나가 되어야 하기 때문이다.

김예찬 나에게 통일이란 '구원'이다.

김정은의 독재정치에서 해방되고 자기가 원하는 종교, 직업을 가질 수 있으므로 구원받았다고 생각되기 때문이다.

안연순 나에게 통일이란 '통일은 나에게 없어서는 안되는 존재'이다.
통일을 위한 나의 노력은 계속 될 것이다.

김귀숙 나에게 통일이란 '나에게 통일이란... 통일항아리는 통일 준비의 밑바탕'이다.
통일을 위해 우리 국민들이 한 푼 한 푼 모아 북한 주민들에게도 도움을 주고 다른 나라에게도 우리나라의 의지와 애정을 다른 나라에 널리 알릴 수 있다고 생각한다.

빈임순 나에게 통일이란 '통일은 꼭 이루어 질 것이다. 머지않았다고 생각한다. 항상 통일의 꿈을 꾸면서 기도한다.'
통일이 이루어지면 남북이 행복해지리라 믿고 국제 사회에서 대한민국을 믿어주리라 생각한다. 통일을 이루어지기를 온 국민이 파이팅 합시다. 꼭꼭 통일은 이루어 질 것입니다.

김성미 나에게 통일이란 '모두를 위해서 해야 하는 것이라 생각 한다'.
통일을 이루어 정전체제에 유지되어있는 불안감을 극복하고 소모적인 자원 낭비와 비용절감을 통해 지속가능한 발전을 위함이고 우리 모두 힘써야 하는 것이라 생각합니다.

엄귀뢰　나에게 통일이란 '나에게 통일은 마중물'이다.
　　　　왜냐하면 한 바가지의 물이 가치가 있듯이 통일은 가치가 있기 때문입니다.

윤일우　나에게 통일이란 '통일은 펌프물'이다.
　　　　펌프물은 처음에 일정시간동안 마중물이 필요하지만 여러 분야에서 마중물을 쏟아 부으면 육각수 못지않은 맛있는 물이 펑펑~

박철민　나에게 통일이란 '해가 뜨면 그림자가 드리우는 것과 같은 것'이다.
　　　　해가 뜨면 그림자가 드리우는 것 같이 통일도 당연히 우리가 해야 하는 것이고 무조건 이루어질 것이기 때문이다.

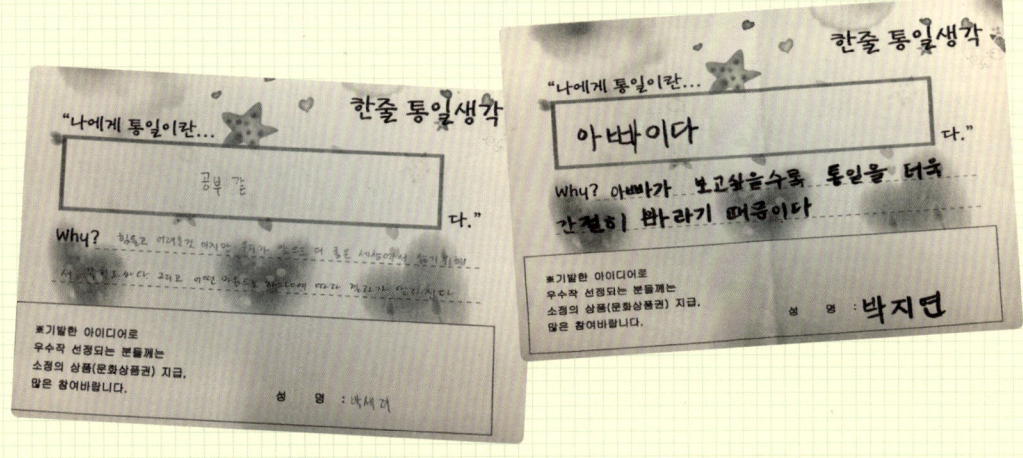

울산 간절곶

PROGRAM
통일, 그 간절함의 여운

간절곶은 고기잡이 나간 어부들이 먼바다에서 이곳을 바라보면 긴 간짓대처럼 보인다하여 그 이름이 유래되었다. 먼바다로 나간 가족의 무사귀환을 간절히 바랐던 곳에서 통일을 간절히 바라는 마음을 담았다. 통일을 간절히 원하면 이루어질까? 그토록 간절히 바라던 통일은…

간절곶에서 아이들의 첫 미션은 통일의 소망을 엽서에 담아 간절곶 소망 우체통에 넣는 프로그램이다. 탈북민 통일서예강사님이 직접 글씨를 써서 제작한 엽서에 아이들이 각자의 통일 바람을 적어 넣었다. 통일을 바라는 한 줄의 메시지와 함께 '이번 통일여정을 시작하며 나에게 하고 싶은 말', '통일에게 하고 싶은 말', '북한에 있는 그 누군가에게 전하고 싶은 말' 등의 과제를 주었다.

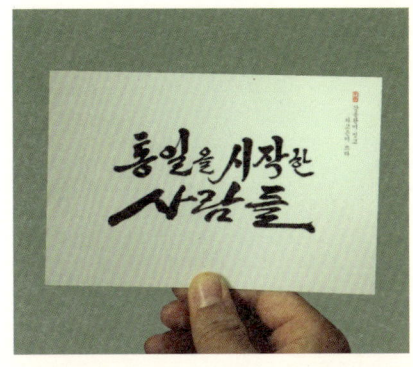 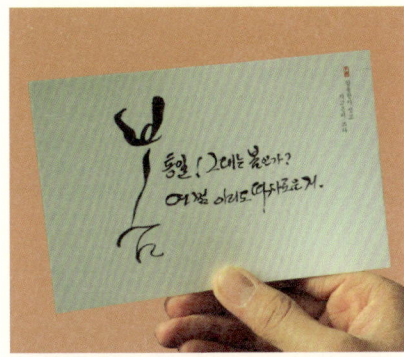 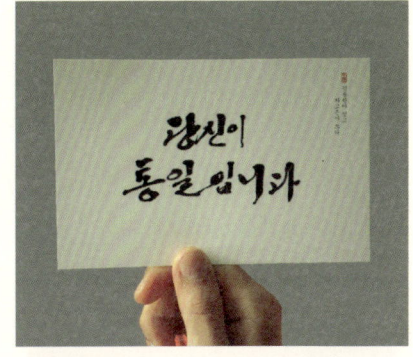
 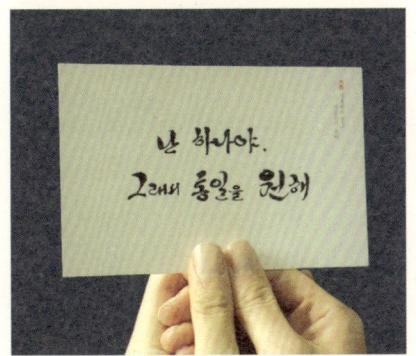 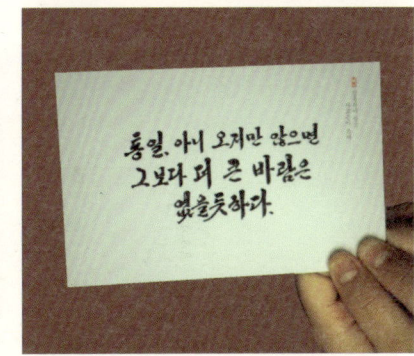

미션을 모두 마친 아이들에게 조별로 자유시간을 주었다. 첫째 날이라 아직 조원들이 누구인지 잘 모르고 서먹함이 있지만 조원들과 함께 바닷가를 거닐며 자유롭게 사진을 찍어서 포토제닉 한 팀을 선정하자고 제안했다. 바다를 배경으로, 계단을 오르며, 예쁜 풍차 앞에서, 숲속 길을 거닐며 아이들은 다양한 포즈로 사진을 찍었다. 아직은 서로의 마음을 잘 알지 못하고 어떤 환경에서 살아왔는지 모르지만 아이들은 그저 또래라는 사실 하나만으로도 금세 손을 잡고 웃음을 나눈다. 남북한 출신 아이들이 서로 하나가 되기까지 그리 긴 시간이 필요치 않았다.

조별로 활동하고 사진 찍기

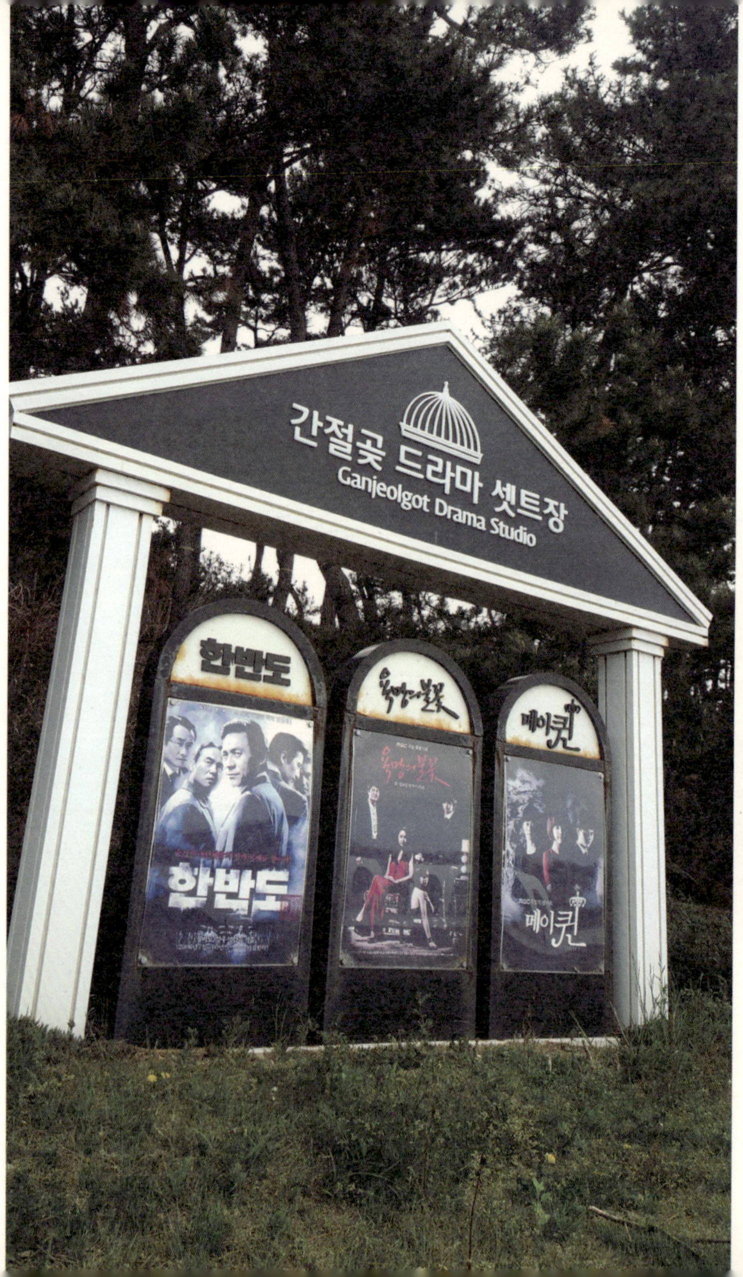
간절곶 드라마 셋트장
Ganjeolgot Drama Studio
한반도
메이퀸
한반도
메이퀸

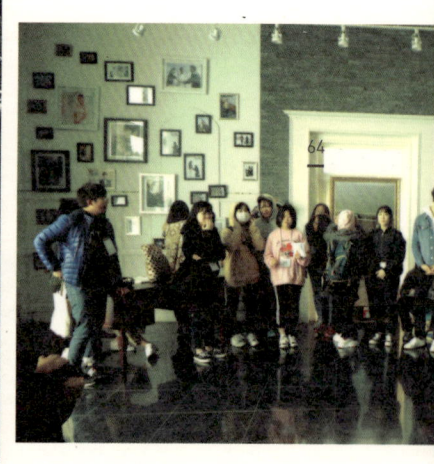

울산 간절곶 드라마 촬영지

울산 간절곶에는 드라마 촬영을 위한 세트장이 전시공간으로 활용되고 있다. 이곳에서 촬영한 드라마와 영화는 '욕망의 불꽃', '메이퀸', '한반도' 등이다. 북한에 있을 때 남한 드라마를 직접 봤던 철호(가명)에게 드라마 촬영지는 남다른 의미로 다가온 것 같다. 한반도의 통일이 찾아오는 날, 아이들은 통일드라마의 주인공이 되어 각자의 삶을 살아갈 것이다.

66

아이들이 찾은 통일 의자

간절곶 잔디광장에서 아이들이 통일을 찾았다. 함경북도 무산이 고향인 영호(가명)가 잔디밭에 놓인 목재의자를 가리키며 '저기 통일이 있네요'라고 말한다. 의자를 보며 어떤 통일을 발견했을까?

"저 의자 보면 두 개의 둥근 받침대가 있네요.
어느 한 쪽이 기울면 의자가 안되는 것처럼
남북한이 서로 힘을 합쳐야 완전한 통일국가가 될 수 있잖아요."

영호의 눈에 비친 의자는 남북한이 서로 하나가 되는 통일의 의자였다. 통일의 눈으로 일상을 바라보면 의자 하나에도 그 의미를 부여할 수 있다. 어느 시인의 고백처럼 '하나의 몸짓에 지나지 않던 것이, 그의 이름을 불러주었을 때 꽃이 된 것'처럼 말이다.

간절곶 소망길

간절곶 소망길을 안내하는 표지판에는 '간절히 원하면 이루어진다'는 글귀가 선명히 새겨져 있었다. 간절히 원하면 통일도 이루어질까? 그토록 간절히 바라고 또 바라던 통일이...

안내판에 "아름다운 자연속으로 가족, 친구와 함께 소통과 힐링의 시간을 가져보라"는 문구가 보인다. 북한에서 온 사람들은 함께 하고 싶어도 옆에 친구와 가족이 없다. 통일이 되기 전까지는 함께 나누고픈 그리움만 간절히 쌓여갈 뿐이다. 보고 싶어도 볼 수 없고, 가고 싶어도 갈 수 없는 그 곳, 우리의 반쪽조국...

길을 걸으면 만난다! 간절히 원하면 이루어진다!

통일을 느끼다

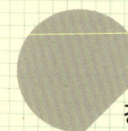
강민석

가장 기억에 남은 것은 울주군으로 가서 통일 간담회를 본 것이었다. 이때에는 우리 학교 학생 대표인 상준이와 장대현학교 학생 대표인 철민이가 나와서 서로 이야기를 주고받는 형식으로 진행되었다. 담화에서 남·북한의 서로 다른 통일 교육과 '남·북한이 서로 축구 경기를 하면 누구를 응원할 것인가?'와 같은 재미있는 주제도 있었지만 그 중 가장 기억에 남는 것은 '우리가 통일을 왜 해야 하는가?'라는 논제에서 애초에 '통일을 하는데 이유가 있느냐' 라는 상준이의 발언이 가장 기억에 남았다. 저녁에는 권력거리와 조직성과라는 강의를 들었는데, 사회구조측면에서 우리 나라 사회의 모순을 설명하였다. 내가 생각하기에는 장대현학교 친구들도 있으니 통일에 대한 강의를 시작하겠거니 생각했었는데 의외의 사회학 강의에 신선한 충격을 받았다.

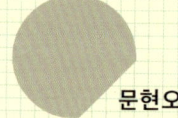
문현오

평화통일 토론회를 했을 때, 장대현 학생 중 한 명이 우리나라의 통일교육에서 통일을 한다면 경제적, 정치적 이익이 무엇인지 열거한 부분을 봤을 때, '이것이 진정한 통일의 이유가 될 수 있을 것인가?'에 대해 질문을 던졌을 때, 이런 내용을 아무 생각도 없이 받아들였던 나는 부끄러울 수밖에 없었다. 통일이 된다면 북한의 노동력과 남한의 자본과 기술력이 합쳐져서 더 경쟁력이 있는 나라가 될 것이라는 사실이 나는 통일의 가장 큰 이유인 줄 알았다. 하지만, 이런 이유는 탈북자들의 시선에서, 또는 이산가족의 시선에서 봤을 때, 있으나 없으

나한 이유였을 것이다. 나는 이런 사람들의 입장을 생각하지 못했다. 그들의 입장에서는 가족들과의 만남만이 통일의 이유일 것이다. 나도 당연히 그래야 할 것이다. 이번에 사귄 나의 친구들 중에는 북한에 가족이 있는 친구도 있다. 나는 경제적, 정치적 경쟁력 따위보다, 나의 친구들의 불행을 위로하기 위해 통일을 위해서 더 노력해야 할 것이다. 누군가가 나에게 통일이 왜 되어야 한다면 원래는 경쟁력 부분에서 말을 했겠지만 이제는 바뀌려고 노력할 것이다.

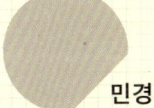

민경호

간절곶에 가서 4박 5일간에 얻고 싶은 것들이나 간절히 바라는 것을 엽서에 써보는 시간을 가졌다. 나는 4박 5일의 일정 동안 멀고도 먼 통일에 대해 조금이라도 더 가까이 다가가고, 윗동네에서 내려온 사람들은 통일에 대해 어떻게 생각하는 지도 알고 싶었다. 짧고도 긴 시간동안 윗동네에서 내려온 사람들과 함께 어울리며 윗동네의 얘기도 들어보고, 아랫동네의 얘기도 하며 서로의 차이점을 이해하고 어울려 조화를 이루는 시간이 되었으면 좋겠다는 생각이 들었고, 통일이 이루어진다면 하고 싶은 일에 대해 생각도 해 보았다. 이 프로그램을 통해서 통일에 대해 다시 한 번 진지하게 생각하는 시간을 가졌고, 서로 엽서에 쓴 내용을 발표하면서 서로의 진실한 마음을 확인할 수 있었던 것 같다.

둘째날

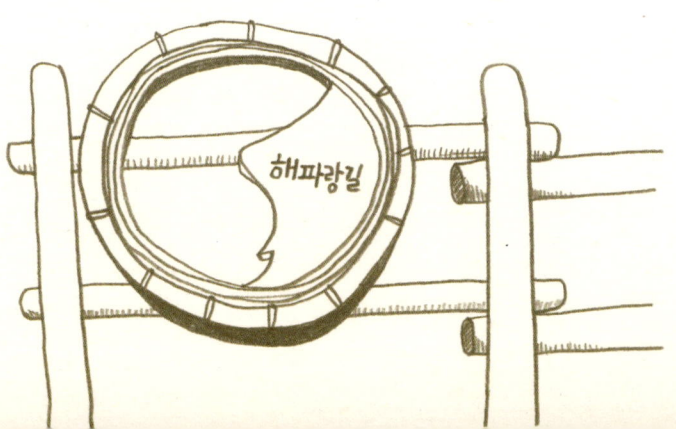

멀고도 가까운 우리 이야기

PROGRAM
통일, 우리 손 내밀어

14코스는 포항 구룡포항에서 호미곶에 이르는 15.3km의 길이다. 몸을 가누기조차 힘들 정도로 세차게 불었던 어제의 바람이 급기야 오늘은 비까지 뿌려대며 세찬 날씨를 이어갔다. 어제 하루 종일 바람과 사투를 벌였던 아이들은 아침에 일어나서 창문을 열며 파랗게 개인 하늘을 기대했을 것이다. 그러나 희뿌연 하늘에 비바람 세차게 몰아치는 둘째 날의 아침이 기다리고 있었다. 둘째 날 코스는 포항 호미곶을 거쳐 영덕, 울진을 지나 삼척까지 올라가야 한다. 호미곶의 상징은 바다 한 가운데 놓인 '상생의 손'이다. 이곳에서 아이들은 "통일, 우리 손 내밀어"라는 주제로 주변의 관광객들에게 인터뷰를 진행했다. 통일은 왜 필요한지, 통일을 위해 무엇을 할 수 있는지에 대해 무작위로 사람들과 함께 이야기를 나누도록 했다. 그리고 호미곶에서 조별로 주어진 미션

은 '상생의 손' 앞에서 조원들 모두가 함께 상생의 모습을 담은 사진을 찍도록 했다. 남북한 상생의 의미는 과연 무엇일까? 아이들은 함께 더불어 살아가는 남북한 상생의 모습을 어떻게 담아냈을까?

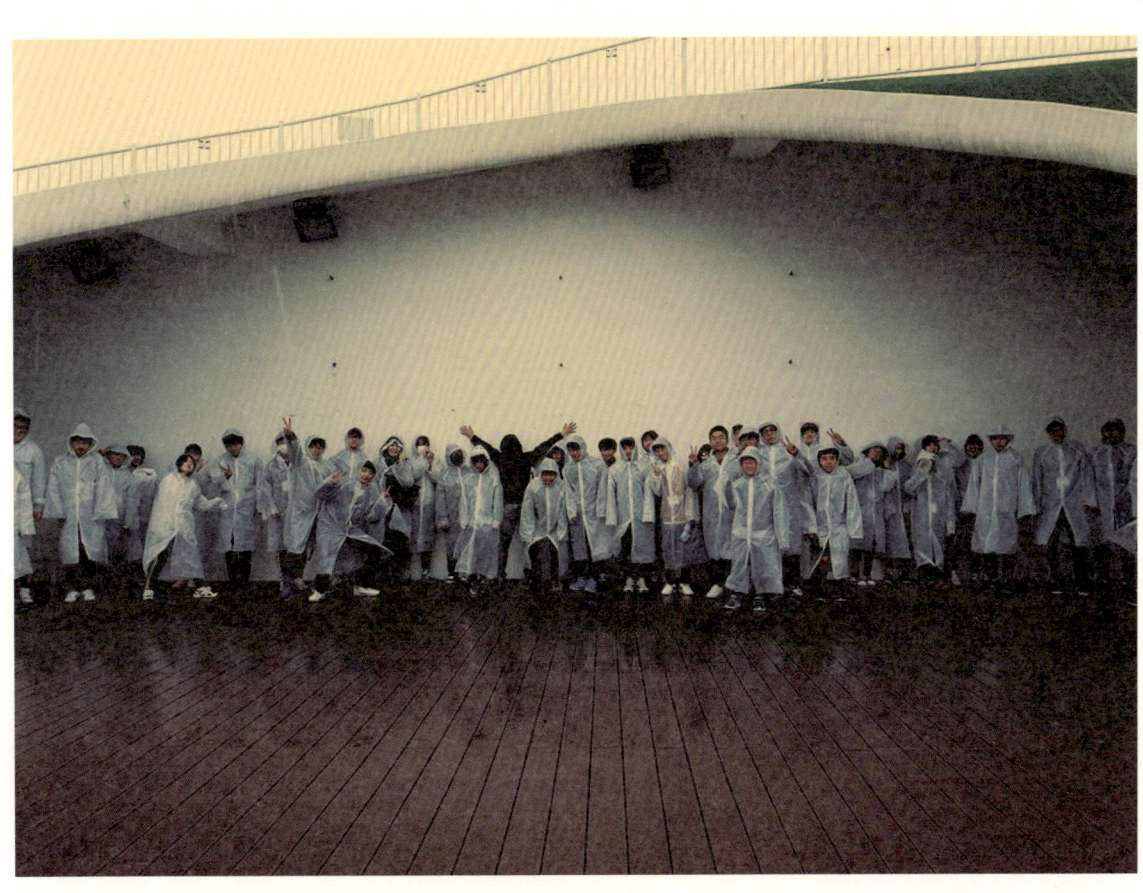

호랑이를 품은 한반도

　한반도 지도는 호랑이를 품은 모양이다. 호미곶에 자리한 호랑이 모양의 한반도 지도상은 웅비하는 기상을 품고 동해안의 세찬 파도를 온몸으로 맞고 섰다. 어떠한 고난과 시련에도 꺾이지 않을 힘찬 기개가 고스란히 담겨 있는 듯하다. 그러나 지금의 한반도는 결코 호랑이의 모습을 담아내지 못한다. 허리가 잘린 분단의 선으로 인해 사냥꾼의 올무에 갇힌 숨죽인 호랑이의 모습이다. 분단의 쇠사슬을 끊어내고 닫힌 섬나라가 아닌 광활한 대륙을 누비는 호랑이의 기개를 다시 품을 수 있으면 좋으련만… 아이들의 눈빛이 매섭다. 호랑이를 닮은 한반도가 웅크렸던 모습을 벗어던지고 과감히 웅비할 수 있는 그 날이 하루속히 오기를 간절히 바라는 눈빛이다.

통일을 느끼다

김동규

호미곶에 갔습니다. 비도 오고 추웠지만 그곳에서 통일의 의미를 찾기 위해 노력했습니다. 손동상이 2개가 있었는데 저는 그것이 남한과 북한 사람이 손을 잡기위해 뻗은 것으로 보였습니다. 가까이 있지만 만날 수는 없는 그것이 분단이며 그것이 우리가 해결해야만 하는 숙제인것 같았습니다. 언젠가는 남한과 북한이 손을 맞잡는날이 오길 기도합니다.

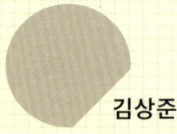

김상준

비바람이 치던 호미곶이 떠오른다. 조원끼리도 아직 친해지지 못했고 날씨도 좋지 않아서 걱정이 앞섰다. 조별 미션은 바로 통일에 관해 사진을 찍어 발표하는 것이었다. 낯설고 어려운 주제였다. 하지만 통일에 대한 넓은 시각을 가지게 되었다. 나무 한 그루에서, 바다에서 몰려오는 바람과 비와 파도에서, 홀로 우뚝 서있는 등대에서도 통일을 찾을 수 있었다. 더불어서 영덕 풍력발전 단지에서의 미션도 관계를 더욱 돈독하게 만들었다. 친구들이 모두 생각이 깊어서 깜짝 놀랄 때도 있었다. 아직은 어리기만 해 보이는 원석이가 '수평선, 넘어 통일'이라고 했을 때 그게 무슨 뜻이냐고 물었었다. 그러자 원석이가 귀여운 표정으로 수평선이 이어진 것처럼 통일이 되어서 하나로 이어졌으면 좋겠다고 하는 것이 아닌가.

통일 백일장

박세려

남북이 분단되고 생긴 마음의 상처는 치료하기 힘든 것 같다.
그렇게 분단의 시간이 길어질수록 그 마음의 상처는 더욱 깊어져간다.
그러다 결국 헤어져 있는 가족을 그리워해서 목숨 걸고 북한을 탈출하는 사람도 있다.
통일은 이런 아픔과 상처, 그리움을 치료해 줄 수 있는 일이다.
통일은 이렇게 너무 중요한 일이다.
분단의 아픔을 가진 사람들의 이야기를 들을 때 마다 통일의 중요성을 다시 한 번 생각하게 된다. 항상 통일을 꿈꾸는 사람이 되자!

통일엽서

민경호

어떻게 기회가 돼서 이렇게 우리나라로 넘어오신 분들과 만나게 되어서 좋습니다.
아직은 어색한 사이지만 친해져서 각자의 나라에 대해 궁금한 것이 있으면 물어도 보고 서로에 대해 알아가는 시간이 되었으면 좋겠습니다.
거리는 멀지 않아도 심리적 거리감이 느껴지는 우리들. 머지않아 오게 될 통일을 대비하여 서로에 대해 좀 더 알아가고, 서로를 이해할 수 있게 되었으면 좋겠습니다.

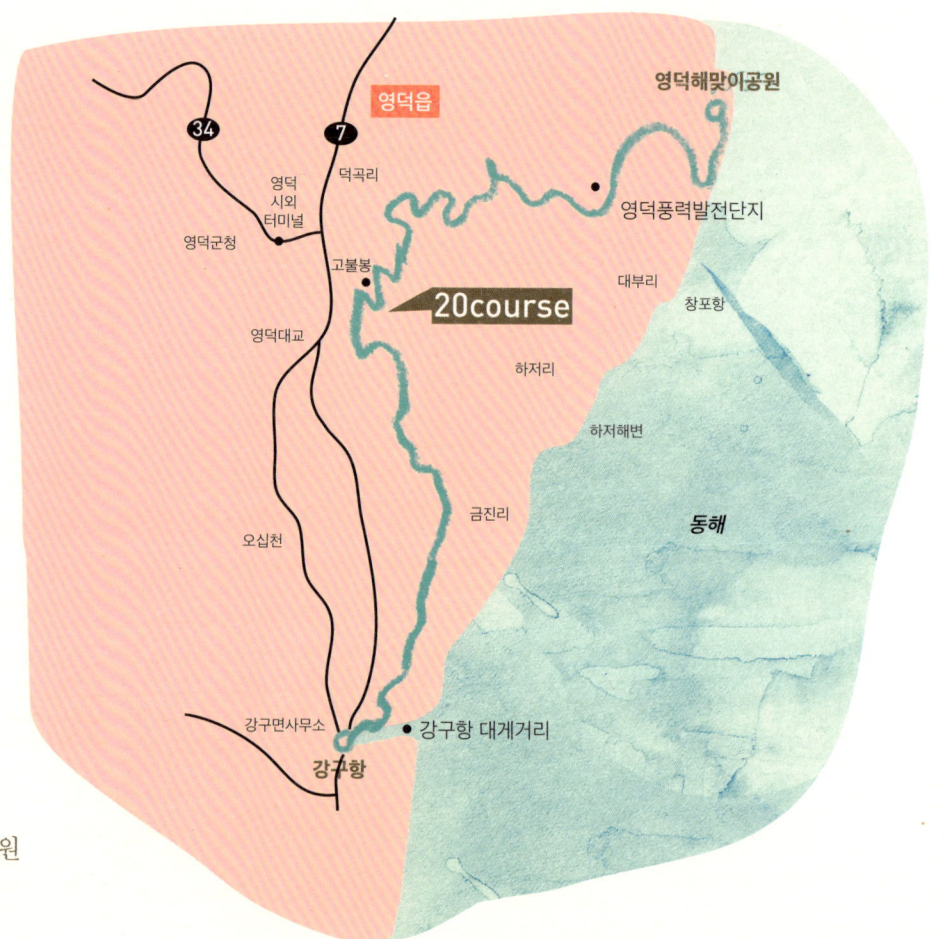

영덕
풍력발전단지

포항 호미곶과 영덕 강구항을 거쳐 영덕풍력발전단지에 도착했다. 해파랑 20코스는 강구항에서 영덕풍력발전단지를 지나 해맞이공원까지 이르는 18.8km에 이른다. 영덕 블루로드와 해파랑길의 이정표가 겹쳐진다. 원래 해파랑길은 부산에서부터 고성까지 새로 만들어진 길이 아니다. 동해안을 따라 예전부터 있던 길들이 전체 한 길로 연결되어 해파랑길이 되었다. 영덕군은 이곳에 영덕블루로드라는 길을 만들었고 해파랑길로 이어졌다.

20코스를 따라 가다 보면 영덕풍력발전단지를 만난다. 이곳에서 아이들은 '바람에 실어 보내는 통일소망'이라는 이름으로 통일의 마음을 오롯이 담았다. 눈에 보이지 않지만 손으로 맞는 바람이 따스하다. 바람을 가르며 돌아가는 풍력발전단지에서 아이들이 통일의 바람을 맞는다.

나란히 선
두 개의 바람개비

　서로가 다정히 마주보고 선 것일까 아니면 등지고 다시는 보지 못할 길을 가고 있는 걸까? 두 개의 바람개비가 나란히 바람을 맞고 섰다. 마치 지금 남북한의 모습처럼 말이다. 서로 다른 곳에 각각의 모습으로 서 있지만, 같은 바람을 맞으며, 같은 방향을 향해 돌아가고 있다. 발 딛고 선 땅과 바다의 경계가 하나로 이어지듯 남북한도 각기 다른 곳에 서 있지만 결국은 하나다.

아이들이 바람을 맞으며 섰다. 바람에 돌아가는 풍차 앞에서 통일의 마음을 실어보내기 위함이다. 요즘 아이들 사이에서 유행하는 '인생샷'을 풍차와 통일을 배경으로 찍어보기로 했다. 아이들은 어떤 기발한 생각으로 바람에 통일을 실어 보낼까? 북한을 향하는 마음으로 북쪽방향으로 돌아가는 풍차를 배경으로 통일의 바람을 담은 쪽지를 사진에 담았다. 아이들의 표정이 사뭇 진지하다.

PROGRAM
풍차에 실어 보내는 통일 소망

프로그램 소개

1. 포스트잇을 나누어 주고 조별끼리 모인다.
2. 풍력, 원자력, 수력 등 남한에는 전기를 생산하는 방식이 다양한데 북한은 전기가 부족한 사실과 그 원인에 대해 함께 토론한다.
3. 통일이 되면 대체 에너지를 통해 남북한 모두가 사용할 수 있는 전기 생산에 대해 이야기하며 통일 염원 메시지를 포스트잇에 쓰도록 한다.
4. 포스트잇을 들고 셀카, 인생샷, 인증샷을 찍는다.
5. 조별 담당 선생님께 확인받고 가장 멋있는 사진을 찍은 조원을 1인으로 선정한다.
6. 투표를 통해 1인을 선정하고, 그 1인이 속한 조에게 상점을 부여한다.

바람에 실어 보내는 통일, 아이들은 어떤 인생샷을 찍었을까...

바람이 머무는 풍력발전단지에서 '우리는 사랑하는 42(사이)' 프로그램을 진행했다. 이번 통일여행에 함께 한 참가중에 '아내와 남편', '선생님과 제자', '오빠와 동생', '아빠와 딸', '선배와 후배'가 함께 사랑을 만들어 가는 시간을 가졌다. 남북한도 서로 사랑하는 42(사이)가 되었으면 하는 간절한 바람을 안고 말이다. 우리 모두는 사랑하는 42...

우리는 사랑하는 42(사이)

남편과 아내

선생님과 제자

선배와 후배

아빠와 딸

통일의 바람을 담은 아이들

바람의 힘으로 돌아가는
풍력발전기 앞에서
아이들이
통일의 바람을 담았다.

아이들의 지치지 않는 열정에 선생님들이 먼저 지쳤나보다. 잠시 통일은 내려놓고 멍하니 앉아 아이들을 바라다본다. 마주보고 있지만 서로 다른 곳을 쳐다보는 모습이 마치 남북한의 어긋남을 잘 보여주는 듯하다. 뒤편으로 한 무리의 사람들이 함께 어우러지는데 외로이 홀로 앉아 핸드폰을 바라보는 모습이 마치 고립된 북한의 모습을 상징하는 듯하다.

잠시 통일은 내려놓고

마주하지만 서로 다른 곳을 바라보는 사람들... 마치 남북한처럼

통일을 느끼다

이태우

그 중에서도 가장 기억에 남는 활동은 영덕 풍력발전소의 '바람에 실어 보내는 통일 소망'이었다. 그것은 꽤나 간단한 활동으로 각자 조원끼리 8글자로 통일에 관한 짧은 문구를 완성하여 사진을 찍는 것이었다. 바람이 많이 불어서 힘들고 불편한 점이 많았지만, 브니엘고와 장대현학교가 섞인 우리 조원들이 서로 협동하고 배려하는 모습을 볼 수 있었고, 나는 여기서 크고 뜻 깊은 인상을 받을 수 있었다. 현재 우리는 어른들 또는 교과서에서 경제적인 이익을 이유로의 통일을 중요하게 배운다. 나 역시도 그렇게 생각하였다. 그렇다면 만약 경제적인 손실이 크다면 통일의 필요성은 사라져 버리는 것일까? 절대 그렇지 않다고 생각한다. 경제적인 이유로의 통일보다 인간적인 이유로의 통일을 더 먼저 생각해보고 고민해봐야 한다는 것을 이 활동을 통해 비로소 깨우칠 수 있었다. 그리고 이러한 사실을 모두가 깨닫게 되었을때 비로소 진정한 통일이 될 수 있다고 굳게 믿는다.

김건민

우리는 일상생활에서 전기와 떨어질 수가 없다. 아침엔 알람을 들으며 일어나야 하고 씻고 나면 헤어드라이기로 머리를 말려야 한다. 학교에 오면서 휴대폰으로 노래를 들어야하고 컴퓨터에 띄워진 프리젠테이션으로 수업을 해야한다. 이렇듯 우리는 전기를 물쓰듯 쓰고 있다. 하지만 북한은 전기가 없어서 밤에 불을 계속키고 있을 수가 없다고 한다. 전기를 쓰면서 당연하다고 생각한 '나' 자신이 어리석어 보였고 많은 반성을 할 수 있었다. 북한 사람들의 기초적인 삶의 질을 위해서라도 하루빨리 통일이 되어야 한다.

민경호

통일과 풍력발전소가 무슨 관련이 있나 궁금했지만, 통일되면 가장 첫 번째로 해결해야 할 관문 중 하나가 전기였다. 북한의 전기 생산량은 턱없이 부족하고, 남한의 전기 생산량만으로는 북한까지 메꿀 수 없기 때문에 해결해야 할 과제 중 하나였다. 그래서 풍력 발전소에 들렀다고 한다. 이곳에서 미션은 통일과 관련된 글귀를 적고 풍경이 좋은, 흔히 말해 인생샷을 찍어 오는 것이었다. 그리고 팀별로 글귀를 완성해서 팀원 전체가 나오게끔 사진을 찍는 미션도 있었다. 난 해시태그를 이용하여 글귀를 완성하였다. #통일 #머지않은 미래 #남과 북이 하나로... 라고 썼다. 통일의 의미가 두 가지 이상이 하나로 합쳐진다는 뜻이고 남과 북이 통일을 위해 힘쓰고 있으므로 머지않아 통일이 이뤄질 것으로 생각해서 이렇게 글귀를 완성했다. 말처럼 머지않은 미래에 이뤄졌으면 좋겠다는 생각을 했고 다음 세대에는 통일 한국의 모습으로 넘겨줄 수 있었으면 좋겠다는 생각을 했다. 조별 미션의 글귀로는 톱니바퀴처럼 하나가 된 우리였다. 두원이형이 낸 아이디어로 아직은 둘로 나뉘어 있지만 하나가 되어 톱니바퀴처럼 이쁜 모양으로 맞물렸으면 좋겠다는 뜻에서 생각하셨다고 하셨다. 서툰 솜씨지만 의미가 너무 이쁜 것 같아서 우리 조의 글귀로 사용했다.

27 코스
죽변등대공원

죽변등대-> 부구삼거리
9.2Km

/PROGRAM
홀로 섬에
닻을 내리고

울진 죽변등대공원에는 '울진-독도 내륙 최단거리 216.8km'라 새겨진 표지석이 있다. 독도에 이르는 내륙의 거리로는 이곳이 가장 가깝다는 의미를 담고 있다.

통일을 느끼다

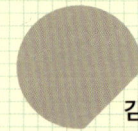
김건민

이곳은 울릉도를 제외하고 동해에서 독도와 가장 가까운 곳이다. 비록 우리나라 땅 인 독도를 일본과 영유권 문제로 다투고 있지만 이 문제로 인해 남과 북은 그래도 하나라는 진실을 알 수 있었다. 남과 북이 아직 서로 경계하고 있지만 독도가 우리 나라 땅이라는 건 남과 북 모두가 인정하는 사실이다. 이 일을 계기로 남과 북은 한 민족이고 하나라는 것을 알게 되었다. 하루빨리 통일해서 우리가 힘을 합쳐 독 도 영유권 문제를 해결할 수 있었으면 좋겠다.

통일 백일장

박지연

배 하나. 나 하나
바다를 떠난 외로운 배 하나
나와 같구나
바로 옆 바다를 두고 가지 못하는 넌 나와 같구나

장현철

사랑의 열쇠, 통일의 열쇠
사랑에도 열쇠가 있듯이 통일에도 열쇠가 있습니다.
열쇠가 있어야 모든 것을 움직일 수 있듯이 열쇠가 있어야 통일이 됩니다.
그 열쇠가 바로 우리입니다.
통일의 열쇠인 우리가 움직여야 통일의 길로 다가 갈 수 있습니다.
통일을 꿈꾸는 열쇠들이여 하루 빨리 통일의 문을 엽시다.
지금 이 순간에도 우리는 통일의 키(열쇠)입니다.

통일엽서

전예나

4박 5일 짧은 기간이지만, 5일이라는 시간동안 통일을 이루고픈 마음이 생겼으면 좋겠어.
서로 다른 사람에게 배우고, 가르쳐 주고 더 알아가자.
먼 길을 걷기도, 차를 타고 이동중에 다치지 않고, 학교까지 무사히 돌아가자.
학교에서는 수업하느라 북한에 대해 제대로 알지 못한 사람들에게, 또 브니엘고의 오빠들의 통일에 대한 생각을 듣고 싶다.

105

28코스

울진 고포항

부구삼거리-> 호산버스터미널
12.6Km

울진 고포항 '무장공비'

울진 고포항에 이르는 길은 1968년 울친삼척무장공비침투 사건의 현장이다. 120명의 무장공비가 월천리 해변으로 침투한 사건이다. 남북한의 아이들에게는 '무장공비'라는 말이 낯설게 느껴진 것 같다.

PROGRAM
멀고도 가까운 우리 이야기

남북한의 분단선 마냥 길 위에서 갈라진 선을 하나 발견했다. 그냥 길 위에 그어진 선 하나일 뿐인데 사실 이 선을 기준으로 강원도와 경상도가 구분된다. 고포마을은 경상북도 울진군과 강원도 삼척시의 도경계 마을이다. 경계선은 항상 이편과 저편을 구분한다. 마을 한 가운데를 지나는 도로를 기준으로 한쪽은 울진군, 또 다른 한쪽은 삼척시다. 불과 몇 걸음만 떼면 볼 수 있는 이웃집인데 전화는 시내회선이 아닌 지역번호를 눌러야 하는 시외회선을 사용한다. 길은 서로 통하는 것인데 길 하나를 반쪽 내어 서로 다른 지역 사람들이 되어 버렸다.

가까이 있지만 선 하나로 다른 도가 되는 곳, 통일의 눈으로 길을 걸어가는 아이들은 분단선을 연상했다. 아이들이 편을 나누어 선을 기준으로 양쪽으로 나란히 섰다.

선 하나로
갈라진 경계

111

안내문

이 곳은 대한민국의 아들들이 임무수행하는 지역입니다. 그들의 국가안보를 위한 고귀한 헌신을 생각 해 주시기 바랍니다. 무단출입·시설물 훼손시에는 군사시설보호법 제9조(보호구역에서의 금지 또는 제한)에 의거 불이익을 받게 됩니다.

삼척시장·제1902부대장·삼척경찰서장

해안가 좁은길을 따라 길게 늘어선 철조망
분단의 아픔에 대한
이런 저런 생각을 떠올리게 한다.

> 통일을 느끼다

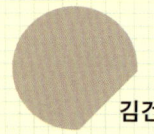
김건민

고포마을로 갔다. 이 마을은 내겐 너무도 신기했다. 나는 찻길 위에 서있었는데 팀장 선생님께서 내게 말씀해 주신 것이 있다. "이 마을이 울진 삼척 무장공비 사건이 일어난 지역이라고, 내가 서있는 이 길의 중심을 기준으로 왼쪽으로는 경상북도 울진, 좌론 강원도 삼척"이라고 말씀해 주셨다. 이 말을 들은 나는 되게 놀라웠고 나중에는 적적한 기분이 들었다. 이 상황이 마치 분단된 우리나라를 말해주는 듯 했다. 울진과 삼척 사이에는 지역번호도 바뀌고 행정 자치도 바뀌고 많은 부분이 바뀌어있었다. 주민들 간에도 불편한 점이 많다고 한다. 바로 반대편 집의 지역번호가 바뀌기 때문이다. 나는 무슨 이런 경우가 있나 하고 신기했지만 남한과 북한을 생각하니 딱 이런 경우 겠구나 싶었다. 바로 옆에 있으면서도 서로 거리감을 느끼게 되고 한 가족이면서도 서로서로 만나고 인사하는 것조차 쉽지 않는 남과 북을 생각하니 마음이 적적해졌다. 이 마을에 다녀온 뒤로 바로 옆에 있는 우리 민족(우리 가족)을 위해서 하루 빨리 통일이 되어야겠다고 생각했다.

배한수

가장 인상 깊었던 것은 고포 마을에 간 것이었다. 브니엘과 장대현이 한데 어우러져 울진과 삼척에 겨우 3발짝 차이로 서있는 것이 기억에 남는다. 거우 3빌쩍. 아주 큰 의미로 와 닿았다. 겨우 3발짝이면 차로 오랜 시간 달려야 하는 울진과 삼척에 닿을 수 있다니. 물론 그 마을은 울진 삼척 경계면에 있었던 마을이긴 하지만, 나는 이것을 통일에 비유해서 생각해보

앉다. 남한과 북한은 서로 간에 몇 km의 DMZ로 나눠져있다. 게다가 두 나라는 경제력 군사력 인구뿐만 아니라 언어, 문화, 관습조차 달라져 버렸다. 그런데도 겨우 3발짝과 같은 조그만 노력이 두 나라를 연결시킬 수 있을까? 내가 할 수 있는 3발짝은 무엇일까? 나 스스로의 인식부터 바꾸는 것이 첫걸음일 것 같다. 나는 이번 여행을 하며 첫걸음을 내딛기 위한 준비를 한 것 같다. 북한 친구들과의 대화, 행사를 하며 들려주신 많은 선생님들의 강의 들을 들으면서 나의 가치관이 조금씩 금씩 변해갔다. 통일을 왜 해야 하는지는 묻는것이 아니었다. 통일은 반드시 해야만, 당연히 해야만 하는 것이었다. 이러한 사실을 많은 사람들이 알게 된다면 우리가 하나로 될 수 있지 않을까?

통일엽서

박준영

어이, 원래 통일에 통자도 모르던 놈이 통일동아리 한다고 고생이 많다.
근데 지금 드는 생각은 '통일을 하면 좋겠다'라는 생각이 든다.
탈북자 철민이 형의 말을 들으니 좀 먹먹하네.
4박 5일 동안 최선을 다하고 본 목적을 잊지 말고 열심히 하자.
박준영. 형들한테도 그만 깝치자 새꺄. 수고하고 힘내자!

밤새 통일을 고민하는 아이들

밤이 깊어간다. 하루를 정리하며 잠자리에 들어야 할 시간이 훌쩍 지났지만 아이들의 밤은 여전히 치열하다. 하루 종일 걷고 뛰며 통일의 길을 찾았던 아이들이 다시 머리를 맞대고 앉았다. 하루 동안 자신들이 걸어온 길 위에서 어떤 통일의 흔적을 발견했는지 조원들과 함께 의견을 나누는 시간이다. 아이들은 누구에게나 똑같이 주어진 24시간을 오늘만큼은 통일과 함께 하는 시간으로 보냈다.

"북한에 전기가 없다는 데 아까 본 풍력발전단지를 만들면 좋겠어"
"나도 그 생각했는데... 눈에 보이지 않는 바람이 전기가 된다는 게 너무 신기해"

무심히 지나쳐 본 풍력발전 단지가 오늘은 이 아이들에게 북한과 연결하는 키워드가 되었다. 우리의 일상에서 보이는 것들이 통일과 연계된다면 얼마나 좋을까.

"통일만 되면 정말 할 일이 많아질 것 같아..."

셋째날

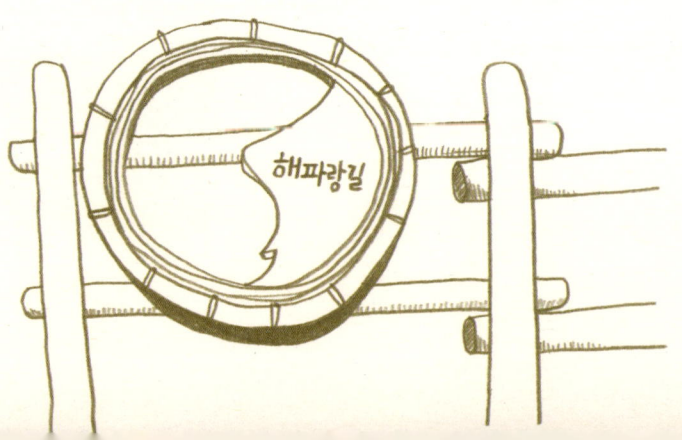

통일을 사색하다

숙소 옆 해안가

 첫째 날의 서먹함도, 둘째 날의 익숙함도 지나고 셋째 날 새로운 인연의 아침이 밝았다. 이른 아침부터 분주히 움직이던 아이들이 숙소 옆 해안가로 잠시 발걸음을 옮겼다. 여러 명이 모이는 자리에서는 언제나 한 명의 영웅이 태어난다고 했던가? 아침 바람맞으며 산책하던 아이들 중에 누군가 한 명이 바다에 온몸을 던질 기세로 덤벼들었다. 친구들의 시선을 한 몸에 받고 싶어서였을까? 4월의 봄바다, 아직은 몸을 담그기에는 차기만 하다. 살을 에는 듯한 한겨울의 추위는 아니지만 여전히 바닷물은 차갑고 몸은 움츠려 든다.

 "나 저기 한번 들어가 볼까?"
 "와!!! 너 최고다."

 아이들은 한 영웅을 기대하는 눈치로 뛰어들라 재촉한다. 최고라는 친구들의 말에 괜시리 어깨에 잔뜩 힘이 들어간다. '너희는 못하지만 난 할 수 있다'는 자신감이었을까? 한 친구가 차가운 바닷물에 그대로 풍덩 뛰어든다.
 차가운 바람 부는 봄바다의 이른 아침, 아이들 속에서 영웅은 그렇게 태어났다.

삼척
유채꽃 축제

자연의 시간은 저마다의 때가 있으리라. 마침 그 길을 지나는 그 때에 유채꽃이 활짝 피어 천지를 뒤덮었다. 들판에 흐드러지게 피어난 유채꽃 밭을 보며 이내 아이들이 소리친다.

"저희 잠시만 보고 가면 안돼요? 제발이요"

예정에 없던 코스라 아이들의 성화에 못 이긴 척 잠시 들렀다 가기로 한다. 노란색 물결이 지천에 널려있고 아이들 얼굴에 웃음꽃이 활짝 피었다.
 셋째 날을 함께 하며 이제는 제법 친해진 동무들끼리 삼삼오오 모여 사진도 찍고 한 송이 꽃을 머리에 꽂아주며 장난도 친다.

꽃은 누구에게나 웃음 짓게 만든다. 그런데 함경북도 무산에서 온 탈북민 친구는 꽃을 보면 늘 마음이 아프다고 말한다. 꽃을 보면 아픈 마음이 든다니 대체 무슨 사연일까? 자신이 살던 북한의 무산은 세계적으로 규모를 자랑할 만큼 큰 광산이 있는 곳이라 한다. 광산지역이다 보니 꽃을 본다는 것은 상상할 수도 없었다. 눈만 뜨면 회색빛 광산 언덕에 희뿌연 먼지가 전부였다. 초록의 싱그러움과 형형색색의 꽃들이 그토록 아름답다는 것은 남한에 와서야 알게 되었다고 한다. 우리가 무심코 흘려 보는 주변의 나무와 꽃들이 누군가에는 너무도 소중한 자유의 상징이 된다는 사실을 그 친구의 말을 듣고서야

알았다.

고향 마을에서 뛰어놀던 동무들도 이 꽃들을 보면 얼마나 좋을까 하는 마음에서 그 친구에게 꽃은 늘 슬픔이라 한다.

남북한의 아이들이 함께 어우러질 꽃 같은 날들은 언제쯤 올는지... 내 고향 무산, 그 척박한 땅에도 한 송이의 꽃이 심어질 날이 오기를 기대한다는 탈북민 친구의 바람은 눈물꽃이 된다.

32코스

삼척이사부광장

맹방해수욕장 -> 추암해변
22.3Km

PROGRAM
통일을
사색하다

셋째 날은 삼척 이사부광장에서 삼척해수욕장까지 해안도로를 따라 걷는 32코스다. 해파랑길 중에서도 해안 도로를 따라 걷는 코스가 아름답기로 이름난 지역이다. 바닷가를 바라보며 걷는 아이들은 풍경 속에서 어떤 생각을 할까? 이번 코스에서는 해안도로를 따라 걸으며 통일, 북한, 분단과 관련한 거리의 표지석이나 물건을 찾도록 했다. 아이들은 도로에서 어떤 분단을 발견할까?

산 위에
자리한 초소

"저기 산 위에 집 같은 게 있어요"

아이들의 시선이 일제히 산 위를 향했다. 길 건너 야트막한 언덕 위에 작은 집 모양의 초소가 한 눈에 들어왔다. 아이들이 길 위에서 발견한 첫 번째 분단의 소재는 감시초소였다. 얼핏 보기에도 바다를 향해 창문을 내고 감시하기 위한 군초소임을 알 수 있었다. 동해안으로 침투하는 적들을 감시하기 위한 용도로 사용한다는 군용 초소를 직접 본 아이들의 눈빛이 달라졌다. 그저 경치 좋은 해안가를 거닐겠거니 했던 아이들의 표정이 사뭇 진지해졌다.

몇몇의 아이들이 기어이 산 위까지 올라가 그 정체를 확인하고 싶었던 모양이다. 한 걸음에 산길을 타고 올라가 초소 앞에 이르렀다. '접근금지'라는 표식 앞에 아이들의 발걸음이 멈추어 선다. 오후의 햇살 머금은 동해바다가 한눈에 들어오는 경치 좋은 해안가에 분단이 자리하고 있다. 침투, 적, 간첩, 신고 등의 단어가 이곳에서는 낯설지 않아 보인다. 넘실대는 동해 바다가 이곳에서는 적과 아군을 구분하는 경계선이 된다.

바다로 향하는 문을 발견했다. 마치 동화 속 나라로 들어가는 입구처럼 예쁘고 앙증맞은 나무로 만든 문이다. 열려 있는 문으로 들어가면 하얀 파도 넘실대는 미지의 나라까지 이를 것 같다. 그러나 바다로 향하는 문은 결코 마법의 문이 될 수 없었다. 그 문을 넘어서는 시간은 엄격히 제한되어 있었고, 허락된 시간 안에서만 주어진 아름다움이었다.

바다를 향하는 문

개방시간 이외 출입시 초병에 의한 오인사격 우려가 있으며,
군용시설 훼손시는 군형법 군용물 손괴제 의거 무기 또는 2년 이상 징역에 처합니다.

이 지역은 군 작전을 위하여 민간인의 출입이 금지된 지역입니다.
민간인의 무단 출입과 경계시설을 훼손시에는 군법 및 경범죄 처벌법에 따라 처벌 받을 수 있습니다.

오인사격, 총을 쏠 수 있다는 경고문구가 선명히 보였다. 출입통제, 제한구역, 접근금지를 알리는 표지판들이 우리의 분단현실을 잘 말해주는 듯하다. 가고 싶어도 갈 수 없고, 함부로 가서는 생명을 잃을 수도 있는 지역이다. 민간인과 군인이 엄격히 구분된다.

통일종을
울리다

동해안을 따라 놓인 길 이름은 '새 천년도로'다. 이 길을 걷다 보면 소망의 탑을 만난다. 새로운 천년의 시대에 이르는 길의 의미를 담아 소망을 빌어보는 곳이다. 삼척 소망의 탑은 지난 2000년 삼척시에서 건립한 탑으로, 후원자 33,000명의 이름이 새겨져 있다. 소망의 탑 가운데는 소망의 종이 달려 있다. 소망의 종이 세 번 울리면 통일의 소망은 이루어질까?

아이들이 소원을 빈다.

"통일 되면 함께 고향 가자" 셋째 날 남북한 출신 아이들이 서먹함과 어색함을 벗고 이제는 함께 통일을 말하고 있다. 통일되면 그 아이들이 두고 온 북녘의 고향 땅을 함께 가보자 소원을 빈다. 진정 통일의 시간을 함께 나눌 그때를 기다리는 남북한의 아이들...

139

철조망으로 갈린 길

아이들이 걷는 동해안 길에는 이쪽과 저쪽을 구분하는 분명한 경계선이 있다. 뒤엉킨 철조망이 허공에 두 편을 갈라놓는다. 분단의 가시 마냥 길 위에 놓인 철조망은 분단의 사람들을 향해 경계를 짓는다. 철조망 위를 아이들은 걷는다. 녹슨 철조망이 걷어지는 날, 이 아이들의 손에 들려질 평화의 도구는 과연 무엇일까? 멀리 고기잡이 나선 가족을 기다리는 사랑하는 사람들의 마음이 오롯이 녹아있을 듯한 곳에는 어김없이 군용 초소가 자리하고 있다.

밤이 오면 칠흑 같은 어둠 속에서 아군과 적군을 구분하기 위한 분단의 노려보기가 밤새 이어질 것이다. 총을 든 군인이 적의 침투를 감시하며 서 있을 밤 시간의 이 자리, 통일을 꿈꾸며 녹슨 철조망이 걷혀지기를 소망하며 걸어가는 낮 시간의 이 자리...

아이들이 걷고 있는 길은 그냥 길이 아니다. '과거 적 침투지역'으로 사살 2명과 도주 2명이 발생한 지역이라는 표지판이 선명하다.

과거로 표시된 날짜는 1963년, 지금부터 약 50여 년 전의 일이다.

50년 동안 무엇이 달라졌을까?

과거 적 침투지역

아이들이 걷는다. 아직 통일조국이 아니니 분단의 길을 걷는다. 부산에서 고성까지 770km 해파랑길은 분단으로 길이 막혀 있다. 해안가 곳곳에 둘러처진 철조망으로 막힌 길을 뚫고 분단을 걷어내는 일은 남북한 청소년이라 불리는 이 아이들의 몫인가? 슬픈 분단의 길을 천천히 보듬으며 그렇게 걸어가다보면 통일의 마음 심장에 쿵하고 내려앉을 그 순간이 반드시 오리라.

> 통일을 느끼다

김동구

대략 2시간 정도 이사부광장에서 삼척해수욕장까지 걸어보았는데 처음 걸을때는 예뻐 보이는 것을 사진을 찍으며 걸어갔었는데 강동완 교수님께서 저희들을 꾸짖으며 우리가 여기에 온 이유 통일에 대해 생각을 해보며 걸으라고 말씀을 하셨다. 부끄러운 마음이 들게 되었고 통일에 대해서 여러 가지 생각을 해보며 걸어갔는데 주변에서 볼 수 있는 여러 가지 사물들 속에서 통일을 생각할 수 있다는 것을 알게 되었습니다.

김동규

삼척 이사부광장을 걸었습니다. 옆에 바다가 정말 예뻤는데 남한 북한 친구들이 같이 걸으면서 우리가 38선에서 막히는 것이 아닌 38선을 넘어 러시아까지 같이 걸어 올라가고 싶은 마음이 들었습니다.

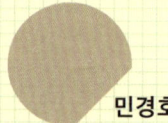
민경호

저녁을 지새우고 다음 날, 이사부광장으로 향하였다. 이곳에서는 다른 때와는 다른 분위기로 평소에 생각하지 않던 분단과 조국, 통일에 대해 생각하며 진지하게 걸었다. 길을 걸으면서 통일과 관련되어 보이는 것들의 사진을 찍어서 의미를 담아 보내는 것이 미션이었는데,

4km를 걷는 내내 통일만을 생각하라는 의미를 담고 있었던 것 같았다. 그래서 걷는 내내 통일이 되기 위해서 할 수 있는 일이 어떤것들이 있을까, 통일이 된다면 어떨까, 한민족인데도 불구하고 왜 분단되어 살아가야만 하는가에 대해 깊이 생각해보며 정신적으로 한층 성숙해진 기분이 들었다. 꼭대기 쯤에 도착하여 철조망에 걸린 마크의 의미를 교수님께서 설명해 주셨다. 빨간색으로 뒤집혀 있으면 아직 순찰을 돌지 않은 것이고, 흰색으로 뒤집혀 있으면 한 번 순찰을 돌았다는 의미라고 하셨다. 이 철조망을 보며 다시 한 번 느꼈다. 같은 민족끼리 왜 이토록 경계를 하면서 살아야하는지 조금 화났고, 하루라도 빨리 경계태세를 없앨 수 있는 날이 왔으면 좋겠다는 생각이 들었다.

통일엽서

무명

통일이 되어있는 그 곳은 살기 괜찮지?
지금의 나는 지금 검고 패스하고 대학 갈 준비 중... ING
그때 너는 어때? 나랑 잘 지내고 있지? ㅎㅎㅎ
I will protect you. It's my mission~ 내가 얻고 싶은 것
친구들 많이 사귀기, 북한에 대해 많이 말해주기

36코스
강릉 통일공원

정동진역 -> 안인해변
9.5Km

PROGRAM
분단의 아픔을 마주하다

휴전선과 가까워질수록 해안가 철조망은 더 촘촘히 늘어서 있고 안보와 관련한 시설이 눈에 띄게 많아졌다. 해파랑길 36코스에서 강릉통일공원에 이르렀다. 해군으로부터 무상 임대받은 함정과 북한잠수정 그리고 북한주민이 탈북 할 때 타고 온 목선 등을 전시해 놓은 곳이다. 잠수정, 목선, 군함이 나란히 전시되어 있다.

문득 강릉통일공원에 들어서며 입장료가 있다는 사실을 알게 되었다. 안보교육의 장으로 활용한다고 분명히 쓰여 있는데 왜 입장료를 받는지 의아하다. 통일공원에 통일은 없고 돈만 있다는 느낌이다. 지자체의 소관이라 관리비가 필요하다고 하지만 통일은 국가적 차원의 문제이지 않은가...

왜 굳이 입장료를 받아야 할까, 그것도 교육을 받으러 온 학생들에게까지 말이다. 안보는 곧 통일인가 하는 의문도 든다. 분명히 통일공원인데 통일관련 컨텐츠는 없다. 북한주민이 타고 온 목선, 조국의 바다를 지키는 군함이 전시되어 있을 뿐이다. 굳건한 안보를 바탕으로 분단을 끝내고 통일조국을 이루고자 하는 마음을 이끌기에는 무엇인가 부족하다. 안보는 아무리 강조해도 지나침이 없지만 안보와 평화 그리고 통일이 하나로 연계되는 교육이 필요하다.

강릉통일공원에는 북한 잠수정과 탈북 할 때 사용했던 목선 그리고 해군 함정이 나란히 전시되어 있다.

북한 주민이 타고 온 목선

　북한주민이 탈출 할 때 타고 왔다는 목선은 말 그대로 생존을 위한 최후의 몸부림이었을지도 모른다. 망망대해 동해안 큰 파도를 온몸으로 막아내며 작은 배 한 척에 온 가족이 목숨을 걸었다.

　안내문에 담긴 '죽음을 무릅쓴 도전'이라는 표현은 좀 어울리지 않는 듯하다. 가족을 살리겠다는 마음 하나로 생사의 갈림길에서 죽음을 걸고 탈출을 시도한 가장의 선택을 도전이라 표현할 수 있을까? 나무로 만든 작은 배에 무려 11명이나 되는 사람들이 숨죽인 채 떠난 그 길이었다. 가까이에서 자세히 보니 못을 박고 나무 조각을 이어서 만든 그야말로 작은 쪽배에 불과했다. 몇 날 며칠을 아니 어쩌면 수개월에 걸쳐 배를 준비하고 바다 날씨를 살피며 떠날 그때를 숨죽여 기다렸을 것이다. 얼마 가지도 못하고 해안 경비정에 발각되어 총을 맞을 수도 있고, 가다가 풍랑을 만나 바다 한 가운에서 그렇게 생을 마감할 수도 있었으리라. 오직 죽음과 삶이라는 선택의 순간에서 그가 믿은 것은 스스로를 개척하는 운명뿐이었으리라. 목숨 건 탈출을 '도전'이라고 말하는 건 너무 낭만적인 표현이지 않을까?

반디가 쓴 〈고발〉이라는 책의 '탈북기'를 보면 탈북을 결심한 한 사내의 심정이 잘 드러난다.

> "하나 이렇게 살아 최악의 고뇌에 시달리느니 차라리 죽어 그것을 잊어버리는 것이 낫겠기에 목숨을 내대야 하는 탈출 방법도 서슴없이 선택한 우리들이네. 혹시 운명이 구원의 손을 뻗쳐준다면 새 삶을 찾게 될 우리들일지도 모르지. 그렇지 못할 경우 우리는 바랄 뿐이네. 창파 위에 떴던 한 점의 우리 쪽배 그대로가 이 땅은 인생불모지라는 낙인으로 찍혀지기를..." - 고발, 탈북기 중에서

'북한 사람이 탈출할 때 사용한 목선'이라는 남한 사람의 시각에서 본 무미건조한 안내문이 아니라 이 배의 주인공이 직접 단 한 줄이라도 그때의 심경을 써놨으면 어땠을까 하는 아쉬움이 남는다. 남한 사람의 눈에는 도전이지만 그에게는 필사의 생명이었을 거다.

"살고 싶다. 살아야 한다..."

세월의 무게만큼이나 곳곳에 녹슬고 패인 흔적이 그대로 남아 있는 탈출선을 보며 아이들은 어떤 생각에 잠겼을까? 죽음의 땅을 떠나 죽음의 길로 들어서 새 삶을 찾고자 하는 떠나는 자의 심정을 조금이라도 공감할 수 있었을까?

153

2009년 9월27일 밤 함경북도 김책시 (성진시)를 출발한 북한 주민 11명은 동해상 공해를 경유하는 나흘 동안 항해끝에 10월1일 강릉시 주문진 인근 해상으로 귀순하였는데 이들은 대한민국에 대한 동경과 자유를 찾기 위해 1년간의 준비 후 북한 당국의 삼엄한 통제망을 뚫고 죽음을 무릅쓴 도전으로 북한을 탈출하는데 성공하였다. 이 목선은 당시 탈출에 이용하였던 선박입니다.

북한 주민이 탈출 할 때 사용했다는 목선 앞에서 용혁이가 안내판에 새겨진 '김책시'라는 글귀에 움찔 놀랐다. 용혁이의 고향이 바로 함경북도 김책시라고 한다. 고향을 떠나 온 자의 마음을 헤아릴 수 있었을까? 자신이 두고 온 고향 이름을 낯선 배에서 찾았다. 누구는 남겨지고 또 누군가는 떠나왔다. 통일이 되기 전에는 다시 돌아갈 수 없는 곳이기에 기억 속 저편에서 그리움의 이름으로만 갈 수 있는 고향이다. 목선을 타고 탈출해야만 하는 고향이 아니라 어릴 적 동무들과 함께 정겹게 뛰어 놀던 추억의 뒷동산으로 기억하고 싶다.

통일의 그날이 오면...

함경북도 김책시

태극기의
위용 앞에서

거친 파도를 맞으며 바다를 누볐을 한 척의 군함을 본다. 이제는 항해를 끝내고 퇴역함이라는 이름으로 사람을 맞는다. 자랑스러운 태극기를 나부끼며 조국의 바다를 온몸으로 지켜냈으리라.

통일은
꽃이다

한 겨울 살을 에는 매서운 추위와 눈비를 견뎌내고 꽃은 생명을 피워낸다. 모진 한겨울의 시련을 이기고 봄이면 어김없이 화사한 꽃망울을 터트린다. 겨울이 영원토록 이어지지도 않고 봄이 찾아오지 않는 때는 없다. 겨울이 가고 봄이 오듯, 분단의 시간을 견뎌내면 통일의 봄은 반드시 오리라. 통일의 꽃망울이 한반도를 수놓을 그 날을 바라고 또 바래본다. 통일은 꽃이다.

통일을 느끼다

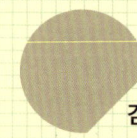

김건민

통일 공원에서 우리는 간이 백일장을 개최했다. 나는 통일공원에 있는 군함에서 무엇을 쓸지 생각해 보니 윤동주 시인의 '쉽게 쓰여진 시'의 마지막 구절인 '최초의 악수'가 생각났다. 시에서는 현실적 자아와 반성적자아가 화해를 하는 장면인데 나는 이 최초의 악수가 통일 체결을 맺는 그 위대한 최초의 악수가 되면 좋겠다는 바람에서 나의 시에 이 구절을 넣게 되었다. 이 악수를 통해 모든 남북한 사람들이 서로 화해하고 화합했으면 하는 바람을 품게 되었다.

통일 백일장

윤정   잠수함
가라앉은 잠수함을 보니 내 마음이 착잡해
가라앉은 잠수함을 보니 남북의 경계가 보여 내 마음이 착잡해
가라앉은 잠수함처럼 아픔만 가라앉고 남북의 희망만 물 위에 떠오르길 내 마음
바다에 떠있는 함정을 본 난 흑흑흑
탈출선을 보고 난 훌쩍훌쩍
통일이 된 내 마음은 활짝활짝

 **박영환**

한=한민족의 비애, 분단 과거의 아픔을 잊지 말자
반=반감과 비난 모두 사르륵 녹아버리고
도=도와주어 해결하자

◆ 통일엽서 ◆

 원석

바람, 시원한 바람이 나에게 부딪혀 떠나가네.
하지만 통일 통일 그대는 절대로 놓치지 않으리.
기회는 언제든지 있으니 한반도 눈물 좀 닦아주련.

 서도하

이번 4박 5일 통일 포럼을 통해 북한 친구들에 대한 편견을 버리고 서로를 알아가는 시간이 되었으면 한다. 말로만 통일을, 생각으로만 통일을 바라던 내가 진심으로 통일의 필요성을 느끼고, 통일을 이룰 방법을 고민해보고, 내가 통일을 위해 할 수 있는 일이 무엇인가 고뇌하는 시간이 되었으면 한다. 더불어 항상 발전하고 성숙해지고 좀 더 멋있는 사람이 되도록. 간절히 기원합니다.

42코스

38선 휴게소

죽도정입구-> 하조대해변
9.6Km

38선에서
통일을 외치다

고성으로 향하는 차가 3.8선에 멈춰 섰다. 3.8선... 한 형제로 태어나 서로의 가슴에 총부리를 겨누며 서로가 옳다 외쳤던 참혹한 전쟁은 이 한 줄의 분단선을 남겼다. 어디론가 떠나는 사람들이 잠시 길 위에 멈춰 쉬어가는 휴게소가 된 분단선의 자리... 이 선을 지키기 위해 얼마나 많은 사람들의 삶이 이 자리에서 영원히 멈추어 섰던가. 3.8선으로 나누어진 두 동강난 조국을 살고 있는 우리들이지만 정작 이 선을 기준으로 무엇이 나뉘어 졌는지도 잘 모른다. 선은 그어졌고 분단은 남겨졌다. 그곳에 지금 우리가 분단의 사람들로 살아간다.

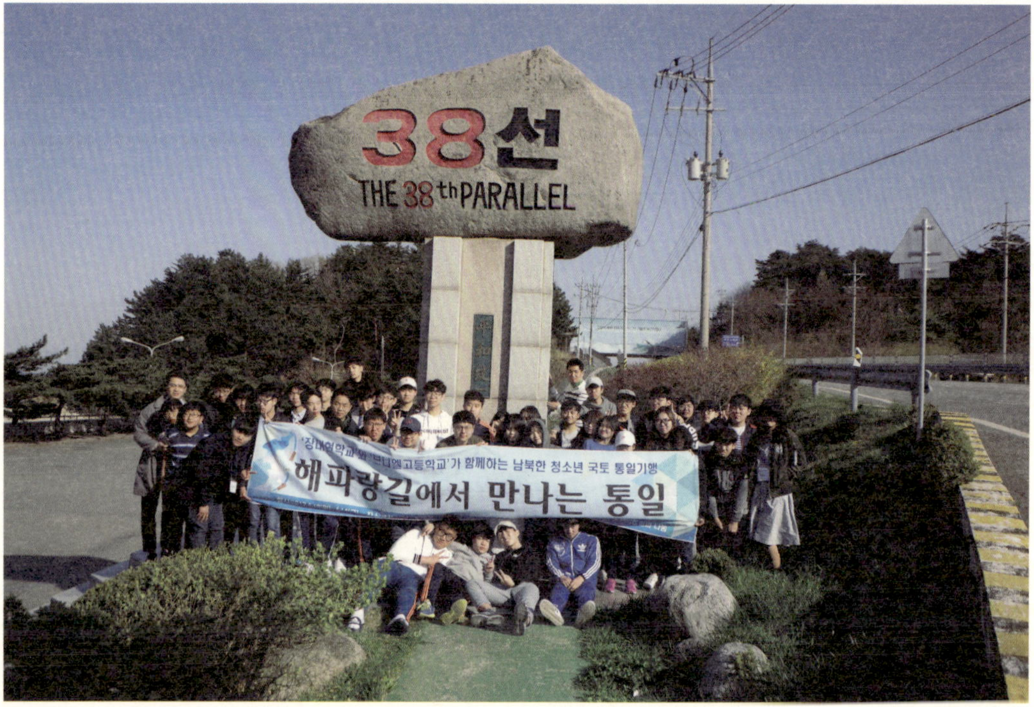
38선
THE 38 th PARALLEL
가 함께하는 남북한 청소년 국토 통일기행
해파랑길에서 만나는 통일

통일을 느끼다

문경호

다음은 38선 지역을 갔다. 휴게소 이름도 38선 휴게소였다. 진짜 말로만 듣던 38선을 본다는 생각에 처음에는 조금 신기하다는 생각이 들긴 했지만 시간이 지날수록 분단의 아픔이 뼈저리게 느껴졌다. 38선, 말 그대로 분단선이라는 의미이다. 한민족인 우리나라를 남과 북으로 갈라놓은 선이다. 맘 같아선 지우개로 지도상에서 확 지워버리고 싶지만 그럴 수 없는 현실이다.

이우림

통일에 대해 다시 한번 생각해보는 기회가 되었던 것은 셋째 날 허문영 교수님의 강의였다. 교수님이 강의 중간에 하신 '통일은 내가 목숨을 걸고 서라도 이룰테니 그 통일한국을 이끌어나가는 것은 너희들이 해라'고 하신 말씀에서 교수님이 지고 있는 책임감을 느낄 수 있었습니다. 그때 제가 든 생각은 이미 통일에 인생을 바치신 분이, 이제 여생을 편히 보내실 수 있는 분이 목숨을 바치면서까지 통일을 이룬다고 하신 말씀에서 점점 더 통일이 무겁게 느껴지기도 했습니다. 이렇게 통일이 무겁게 느껴진 것뿐만 아니라 통일이 민족의 숙원이라는 것도 실감할 수 있었습니다.

최상윤

나에게 '통일'이라는 미래 비전을 준 강연이 되었다. 박사님의 발표를 듣고 우리나라가 전에 하던 방식이 아닌 새로운 방식으로 통일하여야 한다고 했었다. 그 방식에 대한 설명을 듣고 그렇게 통일하려면 어떤 것이 충족되어야할까라는 생각을 많이 할 수 있었고, 통일이 좀 더 빨리 되려면 우리들이 할 수 있는 것이 무엇일까라고 생각해 보았는데 친구들과 주위 사람의 인식을 바꿔야 한다고 생각했기 때문에 발표대회나 여러 글쓰는 곳에 통일에 대한 글을 많이 써야할 것이다.

통일 백일장

김상준

여긴 은퇴한 우리나라의 군 함정 더 이상 빠질 수 없어
함정 쇳덩이마다 먼지 하나하나마다 스며든
우리의 아픔 이젠 벗어나야해 잊을 수 없는 슬픔
돌이킬 수 없는 시대의 실수
사랑과 감동으로 빛나는 미래를 위한 악수

통일엽서

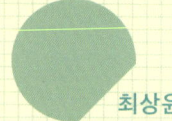
최상윤

이 캠프동안 브니엘 친구들과 장대현학교 친구들이 좀 더 친해지는 시간이 되었으면 좋겠고, 통일에 대한 진정한 의미를 찾고, 나만의 통일에 대한 생각까지 정리할 수 있는 시간이 되었으면 좋겠다. 탈북자 친구들과 같이 활동하는 시간이 많이 있지 않다는 것을 알기 때문에 이 기회를 통해 남북한 친구들의 인식 차이를 이해하고 통일이 되기 위한 노력을 많이 할 수 있도록 많은 대화와 소통을 할 것이다. 좀 더 빠른 통일을 위하여.

무명

이번 해파랑길을 통해서 나는 통일을 보고싶어.
통일아, 너는 멀리 있지 않지? 이미 우리 마음에 통일이 있으니 곧 너를 볼거라 생각해.
나는 이 시간을 통해서 하나님이 만드신 아름다운 한국을 볼거야!
바다, 꽃, 바람, 자연, 사람... 그리고 남북 아이들의 하나 된 웃음을 볼거야!
통일아 너는 이미 우리와 함께 있어!!
나랑 좋은 시간 보내자 ♡ 오늘은 잊지 않을게!
그리고 이번 주가 지나는 금요일을 기대해.
나는 통일을 준비하는 한 사람으로 조국을 위해!!
계속 ♡을 품고 있을게. 통일과 함께... 통일을 기다리며~

문현오

4박 5일 동안 그 동안 일상에 묻혀 생각하지 못했던 나눠진 우리나라에 대해 더 깊이 생각해보고 북한 친구들과 이야기를 나누어 통일에 관련된 내가 할 수 있는 구체적인 방안들을 5개 이상 만들어 실천해 보도록 하자. 민주평화통일위원회를 통해 들었듯이 북한 친구들에게 무례한 말을 하지 말고, 인생에 몇 번 없을 기회를 더욱 빛나게 하자.

장현철

이 프로그램을 하는 동안 큰 통일은 못 이루겠지만
우리 안에서 작은 남과 북의 통일이 일어나길 소망합니다.
작은 소망이라고 생각하지 않습니다.
우리 안에서 작은 통일은 그 누구도 못이룰 우리만의 통일입니다.
우리는 하나가 되어 작은 통일을 이룹시다.

넷째날

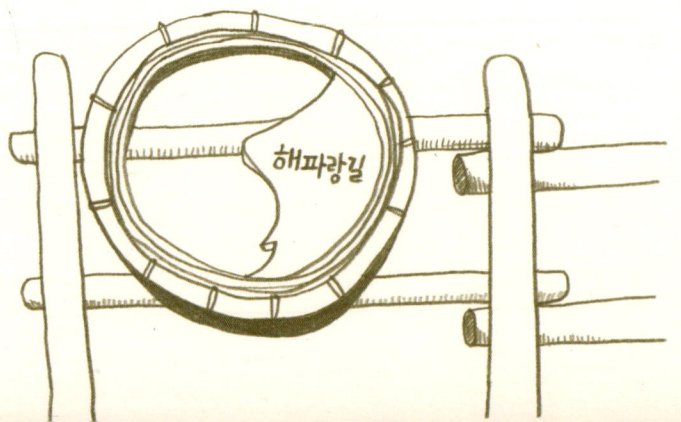

분단의 청소년, 통일을 새기다

숙소에서

　넷째 날 아침이 밝았다. 이번 캠프의 마지막 여정인 해파랑길 49, 50코스를 걷는 날이다. 걷고 싶어도 더 이상 갈 수 있는 길이 이제 없다. 이 길 끝에 무엇이 있을까 싶지만 분단은 갈 수 없는 길을 만들어 놓았다.
　자기 짐들을 다 꾸려 놓고 아이들이 아침 산책길에 나섰다. 저마다의 주인이 있는 가방들, 마지막 날을 향해 가는 시간에서 무엇을 챙기고 또 버리고 왔을까.
　아이들과 함께 아침 산책길에 나섰다가 숙소 안에서 한 척의 배를 만났다. 인테리어 모형으로 만들어 놓은 작은 배지만 바다를 향해 힘껏 노저어 가고픈 바람을 한가득 담은 듯하다. 북쪽이 고향인 아이들은 '저 배 타고 고향 가고 싶어요', '샘, 제가 노저어 드릴 테니 얼른 타세요'라며 발걸음을 재촉한다. 아이들에게 두고 온 고향은 그런 의미인가 보다. 분단선이 아니라면 한걸음에 달려갈 수 있는 지척의 거리지만 가로 막혀 있으니 어쩔 수 없이 배를 타고 에둘러 돌아가야 하는 곳. 십대의 아이들에게 고향이라는 의미가 뭐 그리 대단할까 싶지만 아이들의 시선이 머무는 곳에는 늘 고향이 있었다. 지금은 갈 수 없는 고향 땅, 고향 하늘…

북녘 고향으로 가는 통일 나룻배

다도에서 배우는 통일 기다림

고성 통일전망대를 향하는 길에 속초 경동대학교를 방문했다. 경동대학교는 한반도 최북단에 위치한 학교로 분단의 현장에서 통일인재를 양성하고 있다. 이 학교 호텔조리학과 송주은 교수는 북한에서 온 청소년들이 한국의 전통 문화예절을 몸소 체험하면 좋겠다며 프로그램을 선뜻 제안해 주셨다. 평소 통일문제에 남다른 관심으로 탈북민 지원 사업을 펼쳐 오신 송주은 교수는 이번 해파랑길 투어에서도 전적인 후원을 아끼지 않으셨다. 통일을 그렇게 함께 만들어 가는 길임을...

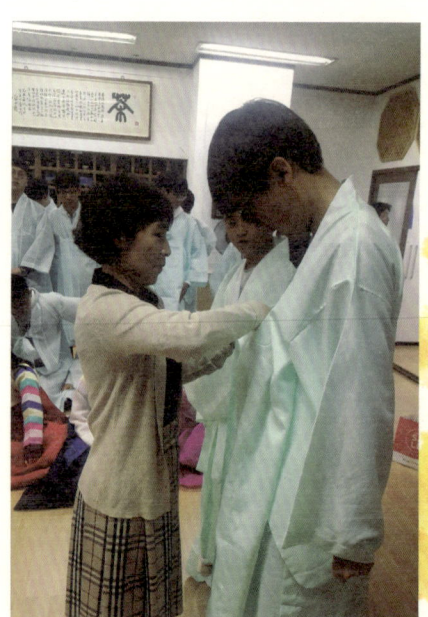

한복을 곱게 차려입고 전통예절을 배우는 학생들의 태도가 사뭇 진지했다. 남북한의 청소년들이 서로 마주하며 상대에 대한 예의로써 큰절을 올리고 각자의 살아온 환경에 존중의 의미를 담기도 했다. 한 잔의 차를 우려내는 다도를 배우며 통일도 애타는 기다림의 선물이라는 것을 아이들은 알게 되었으리라. 빠름이 시대의 코드가 된 세상에서 반세기 이상을 기다려온 통일은 어쩌면 지고지순한 가치를 담아내기 어려운 숙제가 되었다.

한 잔의 차를 우려내기 위해 여러 번의 정성스러운 손길을 거쳐야 하는 것처럼 통일에 이르는 과정도 우리의 정성과 마음을 온전히 담아내야 한다.

軒智禮

설악산에서 금강산까지

속초에서 고성으로 향하는 길에 설악산에 잠시 들렀다. 설악산은 해파랑길 코스에는 포함되지 않지만 설악-금강산관광벨트 개발 등으로 남북한이 하나로 연계될 수 있다는 점에서 아이들의 생각을 듣고 싶었다. 통일은 창의의 과정이다. 통일은 아무도 가보지 않은 길, 아무도 해보지 않은 일을 남북한 사람들이 함께 어우러져 만들어 가는 것이기에 창의적이며 기발한 발상이 필요하다. 청소년들이 생각하는 설악산과 금강산의 관광자원은 어떤 형태로 나타날까? 남북한 출신 아이들이 설악산 자락에 머리를 맞대고 섰다. 설악산에서 금강산까지 불과 몇 시간이면 이를 수 있는 거리니 한 걸음에 달려 금강산 일 만 이천 봉 너른 품에 안기고 싶다. 벚꽃과 개나리가 만발한 설악동에서 꽃눈이 내려앉는다. 금강산 자락, 북녘 산하에도 지금쯤 봄꽃이 만발할지...

통일을 느끼다

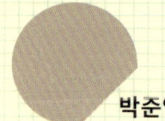
박준영

해파랑길 49번길을 걸으며 친구와 이야기해보는 시간에는 정말 마음에 큰 돌이 있는 듯한 느낌이 들었다. 왜 우리 한국이라는 나라는 남한이란 나라와 북한이란 나라로 나뉘어 한 민족이 사는 땅인데도 함부로 갈 수 없을까? 라는 생각이 들어서이다. 이번 해파랑길 걷기라는 활동에서 정말 많은 것을 알아가는 것 같다. 원래 나는 통일이 되든 말든 별 생각이 없었던 사람이었다. 하지만 이번 해파랑길 걷기에서 탈북자 형들 누나들 동생들을 보면서 통일이 꼭 필요하다고 느꼈다.

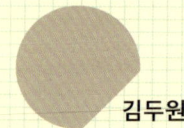
김두원

이 동아리를 신청하고 이번 일정을 참가하기 전에는 통일을 꼭 해도 되고 안해도 되고라는 마음으로 싱숭생숭하는 마음이었지만 해파랑길을 걸어보고 장대현 친구들의 생각과 마음을 들어보고 통일에 대한 강의를 듣고난 뒤, 먼저 통일은 선택이 아닌 필수라는 것을 깨달았고 통일은 혼자해 나가는 것이 아닌 모두가 다함께 같이 해나가는 것이라고 생각했습니다. 그리고 통일에 대한 인식과 생각이 더욱 확고하게 바뀌었고 앞으로 나아가 미래에 통일에 대해 더욱 적극적이고 열정적으로 생각하고 모든 일에 임해야겠다고 생각하게 되었습니다.

통일 백일장

김동유

통일 더디게 더디게 너는 온다.
마침내 내게 온다.

50코스
통일전망대

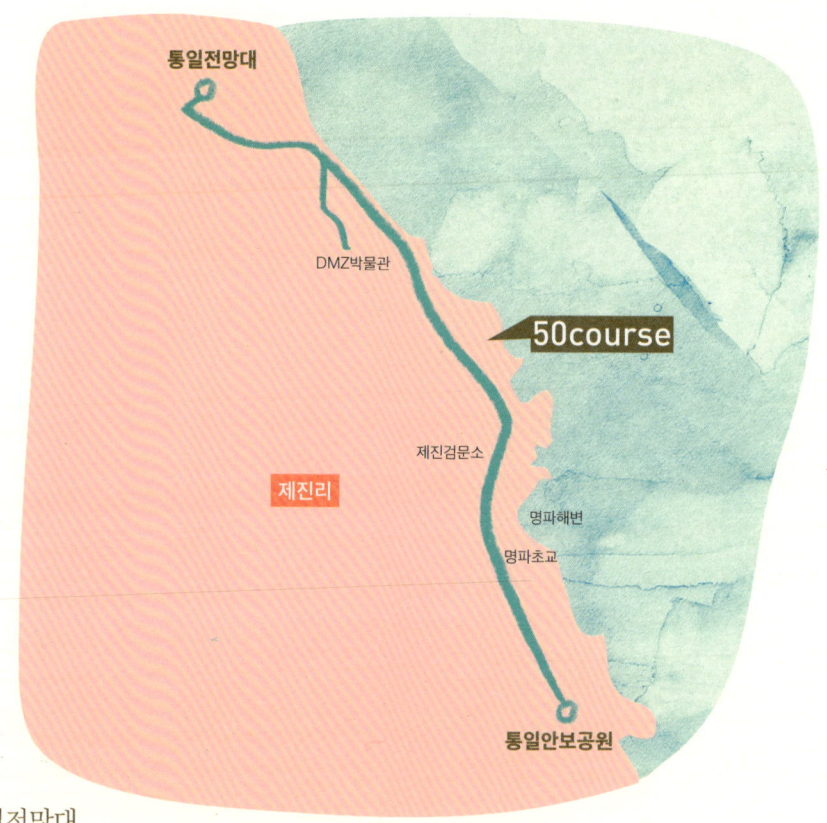

통일안보공원 -> 통일전망대
11.7Km

민통선
50코스

185

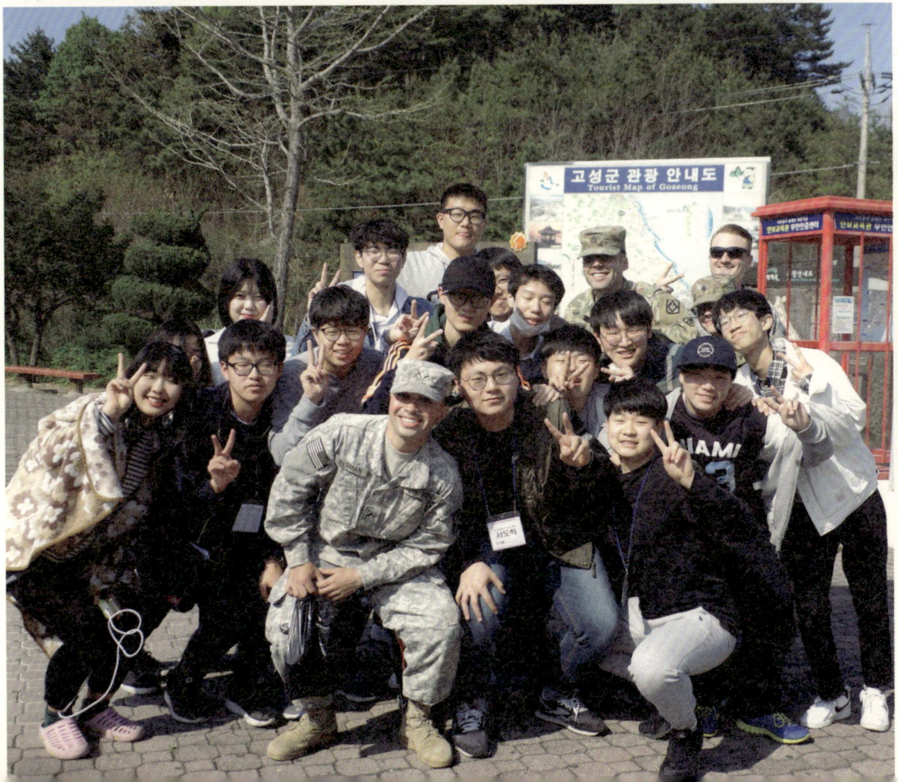
고성군 관광 안내도
Tourist Map of Goseong

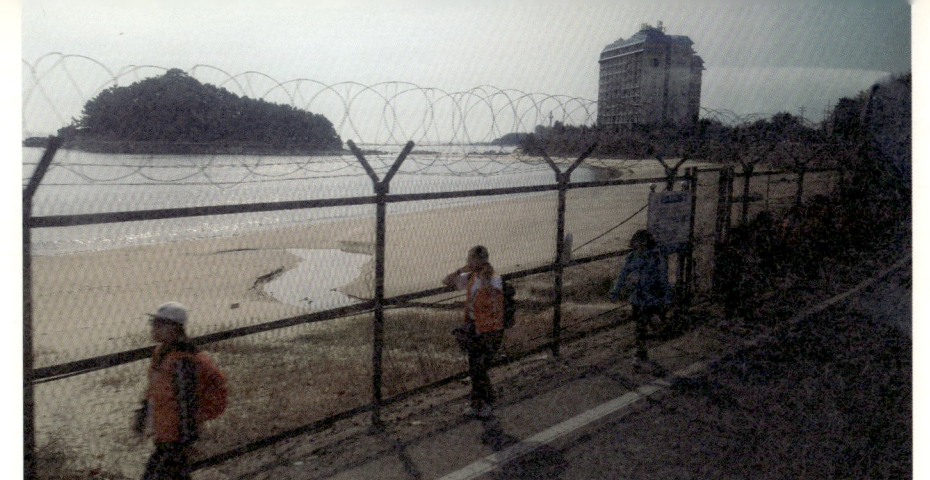

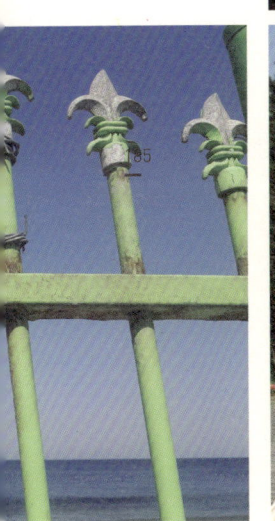

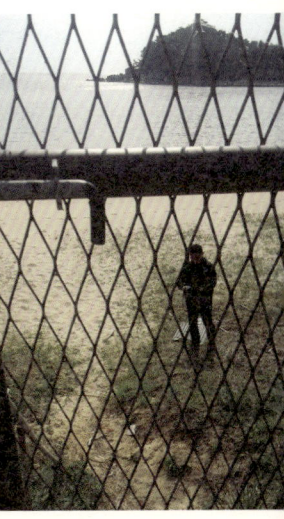

통일전망대 출입사무소

가고 싶어도 더 이상 걸을 수 없는 길에 이르렀다. 길은 있으나 분단의 사람이라 더 이상 갈 수 없다. 신고를 하고 허가를 받아야만 출입할 수 있는 분단의 장소다. 그런데 통일을 전망하는 곳인데 입장료가 있다.

분단의 반쪽 땅 언저리를 멀리서 바라봐야 하는 그 분단의 자리에도 돈을 내야 한다. 통일을 전망하려면 돈을 내라는 의미다. 아이들에게 무어라 말해야 할지 당황스럽다.

문득 북중접경지역을 여행할 때의 일이 떠올랐다. 북한과 중국을 잇는 다리에 입장하기 위해서는 입장료를 지불해야 하는데, 내 조국의 반쪽 땅을 남의 나라에서 보는 것도 억울한데 입장료까지 지불한다고 하니 분한 마음이 들었다. 그런데 정작 우리 땅에서 우리의 반쪽 땅을 보는 곳에서도 입장료를 지불해야 하니 중국에서 입장료 받는 것을 어찌 탓할 수 있을까. 정말 누구를 탓하랴는 말이 적절하다.

아이들은 알고 있을까? 분단의 끝자리에 서기 위해 찾아가는 길에서 입장료를 지불한 관광객이 되었다는 사실을... 그나마 입장료가 통일기금으로라도 적립되면 좋겠다는 생각을 해 본다.

통일전망대를 들어가기 위해서는 출입사무소에서 의무적으로 영상교육을 받아야 한다. 분단의 세월만큼이나 통일도 낡은 시대의 유물이 된듯하다. 교육 영상의 내용은 30년 전에도 말했을 반공교육 위주의 내용으로 채워졌다. 교육은 형식적이고 엉성하다. 삐걱거리는 의자, 찢어진 커튼, 허름한 시설에서 과연 통일 공감에 대한 마음을 가질 수 있을까? 교육을 받으라 한 아이들에게 괜스레 미안해질 정도다.

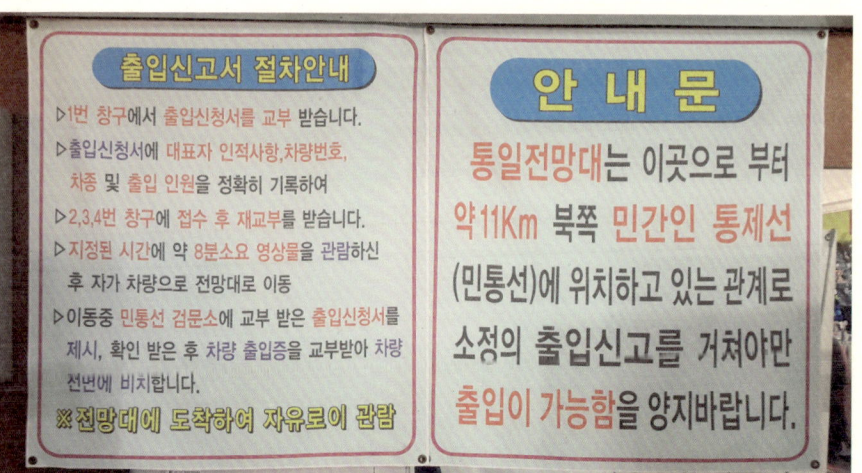

출입신고를 마치고 통일전망대까지 가는 길... 여기서부터 금강산까지 불과 27km밖에 안 되지만 그 길로 가는 문은 굳게 닫혀있다. 이중 삼중의 철문과 바리케이트로 길이 막혀 버렸다. 길은 끊어지고 분단의 사람은 서로 남겨졌다. 분단의 선을 넘어 동해안 길을 따라 함경도까지 내달리는 새로운 길이 열리면 좋겠다.

걸어서는 갈 수 없는 길

통일전망대에서 만난 고등학생

통일전망대로 수학여행을 온 고등학생들을 만났다. 평소 통일에 대해 어떻게 생각하고 있을지, 북한 땅이 굽어 보이는 이곳에서 어떤 생각을 할지, 통일을 위해 무엇을 하고 싶은지 등을 물어보고 싶었다. 가까이 다가가 말을 건네기도전에 이미 그들의 행동은 약속이나 되어 있는 듯 하나같이 똑같다. 이 공간에 머무는 시간은 대략 5분정도...

"저기 멀리 보이는 게 북한의 금강산입니다."

"아, 그렇구나. 선생님 얼른 사진 찍고 가요."

갈 수 없는 반쪽의 조국땅을 바라보며 통일을 고민할 시간 따위는 이곳에 없다. 그들에게 분단은 '아, 그런가보다'의 문제로 인식된다. 분단으로 인해 아파하는 사람들의 눈물이 보이지 않는다. 그들의 잘못이라 말할 수 있을까? 우리는 분단의 시대를 물려받았고 그들에게 통일세대라 부르며 통일의 주역이 되라 한다. 분단은 그들에게 뼈저리는 아픔이 되지 않았고 통일교육은 형식적이고 관념이 되어 버린지 오래다. 북한의 지하자원과 남한의 기술력을 합쳐 경제적으로 부강한 나라, 유라시아 철도가 연결되어 대륙 진출의 꿈을 꾸는 나라... 우리에게 통일은 늘 경제적인 돈의 문제로 인식되었다. 아이들이 지식으로 배워 알고 있는 정답으로써의 통일이 아닌 가슴 따스한 통일을 말하고 싶다. 분단의 현장에 단 5분밖에 머물지 못하는 아이들의 마음에 북한 땅을 멀리서 바라만 보기만 해도 눈물 지을 수 있는 가슴 따스한 통일을 말해 주고 싶다.

193

통일을 기도하다

　이번 통일 기행의 전체 진행 및 스텝으로 참여한 부산하나센터 직원들이 북녘 땅을 굽어보며 통일을 바라는 기도의 손을 모았다. 간절히 바라고 또 원하면 이루어진다 했던가, 통일의 그 날이 속히 오기를 두 손 모아 기도한다. 금강산을 지척에 두고 가지 못하는 애통한 마음만큼이나 분단의 시간들이 닫혀 지기를 애통하는 마음으로 기도해 본다.

　'더디 오더라도 아니 오지만 않으면 좋겠나'는 마음으로 가장 낮은 자리에서 통일을 만들어 가는 사람들이다. 남북한 출신 청소년들과 함께 분단의 길을 걸으며 통일의 새로운 길을 꿈꿔본다.

통일과 놀다

4박 5일의 통일 기행이 막바지를 향해 간다. 넷째 날 분단의 끝에 선 아이들의 표정들이 너무도 밝고 환하다. 분단의 아픔과 고통이 아직 끝나지 않았지만 아이들에게 분단은 마지막이 아니라 통일의 시작이다. 분단 상황에 굴하지 않고 오지 않을 통일의 시간을 포기하지 않으며 묵묵히 자신의 길을 걸어 통일조국을 만들어 낼 것이다. 분단의 길을 걸어오는 동안 내내 침묵하며 분단의 현장을 온 몸으로 맞았지만 결코 좌절하지 않음은 자신들의 손으로 분단의 시간을 끝낼 수 있다는 자신감 때문일것이다. 아이들은 분단의 길에서 통일의 길로 시간여행을 떠났다. 통일이 무겁고 어려운 이야기가 아니라 우리의 생활에서 함께 어우러지고 공감할 수 있는 놀이라는 점도 깨달았을 것 같다. 통일우체국에 오늘의 기억을 담아 한 통의 통일엽서를 띄워본다.

통일을 느끼다

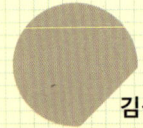
김상준

넷째 날에는 통일전망대에 갔는데 미지막이라고 생각하니 하나라도 더 보고 싶었고 하나라도 더 건져가고 싶었다. 멋진 군용 차량과 군인 아저씨들도 보아 붙끈 군대 가고 싶다는 생각이 들었다. 동시에 통일이 되지 못해 갈라져 싸운다는 것이 떠올라 씁쓸해지기도 했다. 통일 전망대에 올랐다. 높은 하늘과 푸른 바다 그리고 군데 군데 솟아오른 산들이 장관을 이루고 있었다. 다만 그 밑에는 끝없이 이이진 철창과 삼엄한 경비가 있을 뿐이었다. 분단이라는 벽이 마음에 와 닿았다. '우리의 소원은 통일'을 부르고 사진도 찍고 대화도 나누었다. 돌아올 때 버스에서는 목사님이 지연이 누나가 겪은 이야기를 들려주셨다. 울적함을 지우기 어려웠다.

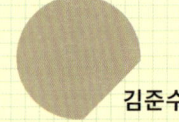
김준수

4일차 날에 우리는 통일전망대에 갔었다. 그곳에서 북한의 모습도 보고 군사 분계 선도 보았지만, 중요한 것은 그것이 아니다. 그곳에서 **여고학생들을 만났는데, **여고학생들과 인터뷰를 하는 미션이 있었다. 그래서 인터뷰를 하던 중 통일에 대한 의견을 묻자, 통일을 부징직으로 바라보며 단점을 이야기하는 학생이 있었나. 이저럼 어떤 사람이라도 통일에 대한 인식이 부정적인 사람이 있다는 것에 나는 현 우리나라 사람들의 통일에 대한 무지함과 무관심에 다시 한 번 생각해 보았다. 그뿐만 아니라 통일을 해야 한다는 사람들 중에 대부분은 사실 아무런 생각도 하지 않는다는 것이다. 우리는 여태 통일을 해야 한다고 말은 해왔다. 하지만 그뿐이다. 뒤돌아서면 아무것도 하지 않고, 또 다시 자신만의 삶으로 돌아간다. 나 또한 그랬다. 하지만 이때까지는 그저 나, 개인을 위해 살았다고 하면, 이제부터는 조국, 우리를 위해 살아야 한다는 것이다. 그러기 위해서 우리는 인식을 바꿔야 하며 탁상공론이 아닌 직접 실천해야한다. 그리고 나는 그 시작이 이 해파랑길 걷기 프로그램 같은 자그마한 활동에서부터 시작된다고 생각한다.

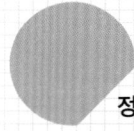
정동일

우리는 통일 전망대를 방문했다. 통일 전망대를 가던 중 보이던 군인들과 철책은 내가 분단의 현실을 실감할 수 있게 했다. 마침내 통일 전망대에서 금강산과 북한 땅은 보았을 때 손만 뻗으면 닿을 수 있을 것 같은 가까운 거리임에도 불구하고 갈 수 없다는 것에 답답한 마음이 들었고 언젠가는 통일이 되어 꼭 한번 가보리라 하는 생각에 마음이 뜨거워졌다. 이번 기행에서 나는 쉽게 해볼 수 없는 경험들을 하고 또 단순히 해파랑길을 따라 통일 전망대까지 가는 것에서 빗어나 그 여정 속에서 새로운 의미들을 찾아갈 수 있어 좋았다. 처음에는 4일간 학교 수업을 빠지는 것에 대해 걱정했지만 학교에서의 4일과는 비교도 되지 않는 잊지 못할 경험을 하고 온 것 같다.

통일전망대 주차장을 가로질러 광장 한 켠에 자리한 6.25 전쟁체험 전시관을 둘러본다. 국방부에서 무료로 운영하는 곳으로 전쟁체험관, 병영체험관, 물품 전시 등 다양한 볼거리가 있다. 6.25 전쟁은 우리에게 잊혀진 과거의 일이 되어 버렸다. 그나마 체험공간을 통해 우리는 그 때의 일을 기억으로 더듬는다. 그러나 아직 전쟁은 끝나지 않았고 분단의 고통은 지금도 계속된다. 그 때 그 자리에 머물던 사람들은 떠나갔지만, 분단의 자리에 우리는 여전히 남아 있다. 분단이 이어지는 한 이 자리는 또 누군가의 삶으로 계속 채워질 것이다. 분단 조국의 사람들이라는 이름으로 말이다. 역사 속 어느 한 날을 기억한다는 것… 분단조국을 살아가는 한반도의 사람들에게 6.25는 어쩌면 영원히 끝나지 않을 전쟁의 기억이리라.

분단의
기억들을 보다

아이들의 창의적인 생각이라 칭찬해 주어야 할까?
영상을 관람하기 위해 마련된 간이 의자에 아이들이 거꾸로 매달렸다.

201

주차장에 세워진 어느 관광버스에 '한라에서 백두까지'라는 문구가 선명하다. 저 회사 사장님이 진정한 통일교육의 실천가일지도 모르겠다.

통일과 나눔의 사람들

남북한 청소년이 함께 떠나는 통일기행은 통일과 나눔 재단의 지원으로 추진되는 사업이다. 부산에서부터 고성까지 동해안 해파랑길을 통일의 눈으로 다시본다는 취지에서 시작된 이번 통일기행은 단순한 국토기행을 넘어 길 위에서 아이들이 직접 통일을 발견하는 다양한 프로그램으로 구성되었다.

해파랑길 코스별로 특별한 사연을 담고 공간에서 사유하는 통일기행을 떠나고자 했다. 이 사업을 지원해 준 통일과 나눔 재단의 통일기금은 각계각층의 다양한 사람들의 후원금으로 조금씩 마련된 통일의 씨앗이다. 누군가의 귀한 정성이 담긴 통일씨앗으로 이번 여행을 맞이한 아이들에게 나눔의 의미를 깨달을 수 있는 시간을 가졌다. 통일과 나눔 재단의 전병길 사무국장과 함께한 토크콘서트를 통해 아이들은 이름도 없이 빛도 없이 헌신하며 후원한 한 사람, 한 사람의 이름을 마음속에 되새겼다.

철조망을 걷어 내고

녹슨 분단의 철조망에 아이들이 걸쳐 섰다. 학원, 집, 학교를 오가던 아이들에게 길 위에 놓인 철조망은 왠지 낯설다. 누군가는 넘어서는 안되는 곳이기에 얽히고설킨 쇠붙이로 장벽을 쌓았다. 분단의 철조망은 그 길에 견고하게 세워져 통일을 가두고 있다. 적이라 불리는 누군가를 막아내기 위해 철조망은 여전히 그 자리를 지키고 섰다. 철조망은 분단조국의 단절이다. 녹슨 철조망을 걷어내고픈 바람을 담아 아이들이 철조망 너머에 기대어 섰다. 건널 수 없는 곳, 건너서는 결코 안 되는 곳은 내 조국 그 어디에도 없다. 하지만 지금은 반쪽짜리 조국의 경계를 구분 짓는 철조망의 위용 앞에 그대로 멈춰 설 수밖에 없다. 분단의 녹슨 철조망을 걷어 내는 일은 역시 사람의 손이다. 저 아이들이 자라나 맞이할 세상은 결코 철조망에 갇힌 반쪽짜리 조국은 아닐 것이라 기대해 본다.

지금은 철조망을 붙들고 선 나약한 손짓이지만 저 손으로 녹슨 철조망을 걷어내고 분단조국의 마침표를 찍을 통일의 손이 될 것이라 믿어 의심치 않는다. 아이들이 걸었던 분단의 길은 하나로 연결되지 못한 채 끊어져 있다. 길이 통하고 사람이 오가는 날이 오면 아이들의 마음도 하나로 이어질 것이다. 철조망을 경계로 지금은 이편과 저편이 분명하게 나누어지지만 녹슨 철조망을 걷어내고 평화의 꽃씨가 흩날릴 그날의 감격을 함께 기대해 본다.

통일을 느끼다

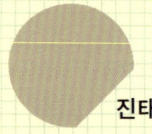
진태우

나는 통일에 대해 감정적인 면으로 깊이 있게 생각해 본 적이 없었다. 늘 나는 경제적인 측면에서 문제를 바라보고 해결책을 찾기 위해 노력했다. 하지만 이번 여행을 통해서 나는 알게 되었다. 사람과 사람 사이의 문제는 결코 수치상으로 해결될 수 없다는 사실을 말이다. 더욱이 분단이라는 아픔은 더욱 그렇다. 우리의 통일 정책에 대해 일본의 착취 느낌을 받았다는 북한 측 아이의 대변을 들은 순간 나는 머리가 잠시 멍해지는 이상한 기분이 들었다. "과연 어디서부터 잘못된 것일까?"라는 질문을 나에게 던졌다. 나는 4박 5일이라는 길고도 짧은 시간 동안에 계속해서 답을 찾고자 했고 마지막 날 마인드맵 시간 나는 마침내 결정을 내렸다. 우리나라는 '노력한 만큼 대가를 얻는다'라는 자본주의의 이념을 수단과 방법을 가리지 말고 사익을 추구하며 약자를 밟고 서야만 성공하는 세상으로 변모하였다. 이런 자본주의 아닌 자본주의 체제로 확립된 요즈음 대한민국 국민들은 당연히 먼저 자신들에게 무슨 이익이 주어지고, 어떤 경제적 손실을 가져오며 통일 후 경제의 흐름은 어떨까에 대한 질문을 던질 것이고 사익에 해가 된다면 통일을 거부할 것이다. 국가는 이러한 이유들로 경제적 이윤창출에 대한 내용으로 국민의 마음을 움직이려 시도했고 이것은 어찌 보면 당연한 일이다. 그리고 북한 측에서 또한 일본인의 추악한 모습을 남한에서 보는 것도 당연한 것이다. 우리는 이 문제에 대해 경각심을 느끼고 지금부터라도 감정적으로 통일 문제에 다가가야 할 것이다. 이전의 북한과의 대화는 어찌 보면 진정한 대화가 아니었을 지도 모른다. 동물들도 느끼는 감정, 한때는 한민족이었던 북한이 우리의 이러한 생각을 숨겼다 한들 진정 몰랐을까? 나는 통일의 주인공, 주역이 아닌 진정한 지지자가 될 것이다. 수치가 아닌 마음으로 울리는 리더가 될 것이다. 진정한 리더가 되어 한반도를 울릴 것이고 웃음 짓게 할 것이다.

통일 백일장

서도하

같은 물줄기 안에 한 몸이었다.
연어 두 마리가 살았다. 둘은 같은 물줄기 안에 한 몸이었다.
시간이 지나 바다로 나아갈 때가 되고 두 마리 연어는 서로 다른 길을 간다.
멀리 아주 멀리 멀어져 간다. 그러나 둘은 잊지 않는다.
나고 자란 물줄기의 냄새를 자신이 무언가의 반쪽인 것을 둘은 돌아온다.
같은 물줄기 아래 한 몸으로

통일엽서

진태우

한, 반도
한반도는 어찌하여 분개하였는가.
한, 반도는 어찌하여 어독해져 갔는가.
어느덧 한, 반도는 두 이상세계가 되고
서글픈 아리랑의 외침이 메아리치네.
그럼에도 나는 그 한반도를 한, 반도로 만들고자 아리랑을 부른다.
한, 반도는 어찌하여 분개하였나.

1일차 부산-경주

Cue sheet

시간	장소/이동	내용
07:00~07:20	동아대학교 정문 집합 및 차량탑승	- 인원체크(학생, 인솔교사 등) - 차량배정(각 차량 인솔대표자 각1인) - 각 조 인솔교사에게 명찰 및 가이드북 전달 - 차량별 간식 및 응급용품 비치 - 물품체크
07:20~08:00 (40m)	이동: 동아대학교~오륙도 (해파랑01코스-시작지점)	- 이동 중 일정&유의사항 공지 - 이동 중 식사&간식제공 - 이동 중 명찰&가이드북&볼펜 제공
08:00~08:30	이동: 오륙도 해안산책로종점 ~오륙도해맞이 공원 (해파랑01코스-발대식장소)	- 오륙도 해안산책로종점에서 해맞이공원까지 걷기 (동해-남해 경계지표와 해파랑길 시작점 팻말 설명)
08:30~09:30 (1h)	발대식&차량탑승	<해파랑 길에서 만나는 통일 발대식> - 진행: 유달주 - 개회선언: 강동완 - 인사말: 전영헌 - 인솔교사 소개: 유달주 - 홀로아리랑 부르기 - 발대식 후 사진촬영
09:30-10:40 (1h10m)	이동: 오륙도해맞이공원 ~ 울산울주군 (점심식사장소)	<해파랑길 사업의 의미> - 홀로아리랑의 가사에서 출발한 사업 의의 - 홀로아리랑 가사의 해설 <자기소개> - 참가학생의 자기소개와 참가소감 및 꼭 발견하고 싶은 점 나눔

Cue sheet

10:40~13:30 (3h10m)	점심식사&민주평통 일정	
13:30~14:30 (1h)	이동: 울산 울주군~ 울산 간절곶 공영주차장 **(해파랑04코스)**	
14:30~15:45 (1h15M)	울산 간절곶 **(해파랑04코스)** (*고기잡이 나간 어부들이 먼바다에서 이곳을 바라보면 긴 간짓대처럼 보인다하여 간절곶이란 이름이 붙었으나, '간절'과 발음이 같음. 먼바다로 나간 가족의 무사귀환을 간절히 바랐던 곳에서 통일을 간절히 바람.	<프로그램명: 통일, 그 간절함의 여운> - 소망길을 걸으며 통일은 간절히 염원 - 이번 여정을 시작하며 결단하고 소망할 것들 <소망우체통 - 나에게 보내는 편지> - 하나센터에서 제작한 엽서 배부 및 작성 - 이번 여정을 시작하며 나에게 하고 싶은 말 & - 통일에게 하고 싶은 말 - 북한 청소년에게 하고 싶은 말 - 각 조별로 대표자1~2인 낭독
15:45~17:00 (1h15m)	이동: 울산 간절곶~경주 문무대왕릉 **(해파랑11코스)**	<경주, 신라의 통일이야기> - 신라의 통일의 장단 - 현재 남북한의 통일이 어떻게 이루어져야 하는지 토론
17:00~17:30 (30m)	경주 문무대왕릉 **(해파랑11코스)**	- 자유롭게 돌아보며 통일을 발견하도록 유도 - 내가 생각하는 통일은? 이라는 주제로 조별영상촬영 - 촬영어플 사용방법안내 - 문무대왕릉을 보며 느껴야 할 점 설명-(강동완) **<문무대왕릉>** - 문무왕은 삼국통일을 완수한 군주. 죽어서도 용이되어 왜구의 침략을 막기위해 대왕암에 장사.

Cue sheet

		- 홀로아리랑 3절에서...한라산 제주에서 배타고 가다가 닻을 내리고 쉬어가는 곳, 홀로섬 독도 - 지금도 독도를 향한 일본의 야욕은 계속됨.
17:30~18:00 (50m)	이동: 문무대왕릉 ~ 참뼈감자탕(감포읍)	
18:00~19:00 (1H)	저녁식사(**참뼈 감자탕**)	참뼈감자탕 - 감자탕 32,000원(4인기준)
19:00~19:30 (30m)	이동: 식사장소 ~ 숙소 숙소 도착후 휴식	<감포 노벰버 리조트>
19:30~20:30 (1H)	길에서 만나는 통일강연	- 강당섭외 - 강당에서 통일강연진행 - 강사 : 임석준 교수
20:30~21:00	리플렉션 및 광고	- 보문단지 촬영영상 시청(및 시상) - 내일 일정 광고 및 기상시간안내 - 유의사항안내
21:00~	취침	

Cue sheet

시간	내용	세부사항
07:00~08:00	기상 및 집합	- 기상 - 개인정비 및 개인짐 정리하여 집합
08:00~09:00	식사	<감포리조트 조식>
09:00~10:00 (1h)	이동: 경주보문단지~(경유:구룡포항) ~포항 호미곶 **(해파랑14코스)**	- 숙소가 있는 경주 보문단지에서 구룡포를 경유하여 포항 호미곶으로 이동 - 2일차 프로그램 및 일정 소개 - 2일차 간식 배부
10:00~11:00 (1h)	포항 호미곶 **(해파랑14코스)** <통일, 우리손으로 만들어요>	<프로그램 명 : 통일, 우리 손 내밀어> - 조별로 호미곶을 찾은 관광객(3팀이상)을 대상으로 인터뷰를 진행한다. - '통일이 필요하다고 생각하는지?' - '통일을 위해 무엇을 해야 한다고 생각하는지?' - 인터뷰 후, 통일을 위해 내가, 지금 할 수 있는 것은 무엇인지 고민보고 A4용지에 기록. - '호미곶 상생의 손' 앞에서 A4용지를 든 조원 모두의 얼굴이 나온 사진을 촬영하여 심사위원에게 확인 (*점수)
11:00~12:30	이동: 포항 호미곶~영덕 강구항 **(해파랑20코스)**	- 영덕소개 - 차후 일정 소개
12:30~13:30	점심식사: 영덕 강구항 인근 <탐라식당/대게비빔밥>	10,000원*60명 카드결제 가능 경북 영덕군 강구면 강구시장1길 12 강구오일시장

Cue sheet

13:30~13:50	이동: 영덕 강구항~영덕 풍력발전단지 **(해파랑20코스)**	-휴식
13:50~14:30 (40m)	영덕 풍력발전단지 **(해파랑20코스)** <바람에 실어 보내는 통일소망>	**<프로그램 명: 바람에 실어 보내는 통일 소망>** 개별활동 및 조별활동 1. 포스트잇을 나누어주고 조별끼리 모인다. 2. 풍력,원자력,수력 등 남한에는 전기가 원활하게 다방면으로 공급이 됨을 인지 3. 북한에는 그렇지 못한점에 안타까움을 깨닫게 하고 통일이 된다면 많은 수력, 원자력, 풍력을 동원한 전기가 공급 되기에 발전될 수 있는 긍정적인 메시지의 염원을 적은 글을 포스트잇에 적고 풍력발전소가 보이는 셀카, 인생샷, 인증샷 찍기 4. 팀장선생님께 확인받고 가장 잘찍힌 조원을 최후1인으로 선정 5. 투표를 통한 최후 1인 팀에 시상 (저녁메뉴 혹은 점수?)
14:30~15:30 (1h)	이동: 영덕 풍력발전단지~죽변등대공원 **(해파랑27코스)**	- 휴식 및 2일째 여정가운데 느낀 점 발표하기 **<독도에 대한 이야기>** - 홀로아리랑 3절 가사의 홀로섬 = 독도 - 죽변리, 우리나라 내륙에서 독도와 가장 가까운 곳 - 독도 문제에 대한 자유로운 이야기 나눔
15:30~16:00 (30m)	죽변등대공원 **(해파랑27코스)**	**<프로그램명: 홀로 섬에 닻을 내리고>** - 죽변등대공원 인근에는 '울진-독도 내륙최단거리 표주석' - 내륙에서 독도와 가장 가까운 곳에서 홀로아리랑을 함께 부르며 독도 문제에 대해 자유롭게 이야기 함 - 등대공원, 표주석 인근을 돌아보며 남과북이 함께 사랑하는 섬인 독도에 대해 깊이 생각해보고 통일이 된다면 독도를 어떻게 사랑할 것인지 고민. -표주석에서 단체사진

Cue sheet

16:00~16:30	이동: 울진 죽변등대공원~고포항 **(해파랑28코스)**	- 고포마을설명 - 복개천남쪽은 경북울진, 북쪽은 강원도 삼척이라 마을사람들 간에도 시외 통화를 해야함 - 고포항 휴게소 주차장으로 진입
16:30~17:15 (45m)	고포항 **(해파랑28코스)**	<프로그램명: 통일, 멀고도 가까운 우리 이야기> "1968 울진삼척무장공비침투사건의 현장 (120명 월천리 해변침투)" - 좁고 협소하며, 해안가를 따라 철조망이 많음 - 대낮에도 으스스한 분위기- 분단국가의 아픔을 느낄 수 있음 - 느낀점 조별로 메모후 추후 제출
17:15~17:45 (30m)	이동: 고포항~식사장소	- 금메달식당(한식뷔페 6,500원) - 강원도 삼척시 근덕면 매원리 126-8 - 033-574-9595
17:45~18:45	저녁식사	
18:45~19:00	이동: 숙소 도착후 휴식	숙소 미정(삼척 씨스포빌리조트) - 27평 10개 -13평 3개 - 강당 무료사용 - 개인 짐 정리 및 휴식
19:00~20:00 (1H)	레크레이션	- 레크레이션 강사 - 내용 결정
20:00~20:30	리플렉션 및 광고	- 내일 일정 광고 및 기상시간안내 - 유의사항안내
20:30~	취침	

3일차 삼척-양양

Cue sheet

시간	내용	비고
07:00~07:30	기상 및 집합	- 기상미션 - 개인정비 및 개인짐 정리하여 집합
07:30~08:30	식사	- 씨스포빌 리조트 조식
08:30~08:50 (20m)	이동: 숙소~삼척 이사부광장 주차장 **(해파랑32코스)**	- 오래 걷는 코스 이기 때문에 - 신발, 모자, 등 확인할 것
08:50~10:30 (1h40m)	도보여행 <이사부광장 주차장~ 삼척해수욕장>	<프로그램명: 통일을 사색하다> - 새천년 해안도로를 따라 걸으며 제한시간내 목적지까지 도착하도록 하고, 놀며, 쉬며, 걸으며 개인이 통일을 발견하도록 함
10:30~11:30 (1h)	이동: 삼척 해수욕장~식사 장소 (강릉 모래시계식당)	
11:30~12:30 (1h)	점심식사(정동진 모래시계식당)	- 033-644-5549(강릉 모래시계식당) - 정동진해안가 위치 - 메뉴:1인7천원, 황태해장국,초당순두부, 육개장, 갈 비탕 등 - 2인기준: 제육, 부대찌게2만원
12:30~12:40 (10m)	이동: 강릉 모래시계식당~강릉 통일공원 **(해파랑36코스)**	- 강릉동일공원 및 차후 일정 안내 - 강원도는 분단의 허리, 민족대립의 현장이며 전쟁의 슬픔이 숨어 있는곳 - 1950.6.25. 북한군이 최초로 남침하여 상륙 - 1996.9.18. 강릉 무장공비 침투

Cue sheet

시간	장소	내용
12:40~14:40 (2H)	강릉 통일공원(함정전시관) (해파랑36코스)	<강릉통일공원> - 6.25전쟁과 9.18북한잠수함, 무장공비 침투 등의 아픔을 안고 있는 이곳에 평화통일을 염원하면서 국가 안보의 중요성을 강조하고 안보의식을 고취 -북한잠수정, 탈북목선 등 <통일백일장> - 통일공원 일원에서 느낀 점을 시, 산문, 등으로 표현한다. - 다음코스로 이동하는 중 심사위원분들이 평가하여 시상 (조별점수) - 차량에서 가능한지 여부 확인!!! (저녁을 단체로 만들어 먹는 프로그램 있어서 취소)
14:40~15:40 (1h)	이동: 강릉 통일공원~양양 38선 휴게소 (해파랑42코스)	<양양> - 1942년 38선 이북지역이었다가 한국전쟁결과 수복 - 양양8경이 유명
15:40~16:10 (30m)	38선 휴게소 (해파랑42코스)	<38선 표지석> - 38선 정의와 의의 설명 <38선 휴게소> -10월1일 국군의 날의 기원이된... 해방후 38선을 넘어 첫 북진한 장소 - 조별 자유시간, 조별사진촬영(30m)
16:10~16:30 (20H)	이동: 양양 38선 휴게소~숙소 (대명솔비치 양양) (해파랑43코스)	
16:30~17:00 (20M)	숙소 도착 후 휴식(대명 솔비치 양양)	<대명솔비치 리조트 양양> - 개인 짐 정리 및 휴식

Cue sheet

17:00~17:30 (30m)	산책 : 숙소주변 산책 겸 휴식	- 대명솔비치 양양 주변 산책겸 조별활동 - 조별활동
17:30~19:00 (1h30m)	식사	<남북한 청소년이 함께 만드는 통일식탁> - 방 섭외 - 장본 물품 배부 등
19:00~ 20:00	길에서 만나는 통일강연	- 강당섭외 - 강당에서 통일강연 진행 - 강사 : 허문영 박사(평화한국)
20:00~20 :30	리플렉션 및 광고	- 내일 일정 광고 및 기상시간안내 - 유의사항안내(개인행동 금지)
20: 30~	취침	

양양-고성

Cue sheet

시간	일정	비고
07:00~07:30	기상 및 집합	- 기상 - 개인정비 및 개인짐 정리하여 집합
07:30~08:30 (1h)	식사 <우미밥상>	- 해물뚝배기 10,000 - 된장찌개, 김치찌개, 해물칼국수 7,000 -사전예약할것
08:30~09:30 (1h)	이동:식당(우미밥상) ~경동대학교 글로벌캠퍼스	
09:30~11:30 (2h)	경동대학교 글로벌캠퍼스 (다도예절교육)	- 한잔의 차가 우러나듯 통일도 간절한 기다림으로
11:30~12:30 (1h)	식사(산모퉁이)	추어탕 / 8,000원 돈까스 / 8,000원 추어칼국수 / 8,000원 - 사전예약할 것
12:30~13:30 (1h)	이동: 식당 ~ 고성 김일성별장 (화진포의성) (해파랑49코스)	
13:30~14:30 (1h)	고성 화진포의성(김일성별장) (해파랑49코스)	<김일성 별장 및 화진포 일대 관람> : 김일성이 1948년~50년까지 화진포에 하계휴양을 왔을 때 본 별장에서 묵었음. - 김일성 독재체제 구축과정과 한국전쟁, 추가 도발 등에 관한 자료를 열람할 수 있으며 주변 화진포 경 관이 좋음 - 이승만 별장, 이기붕 별장, 김일성 별장, 생태박물 관 포함

Cue sheet

시간	내용	세부사항
14:30~14:45 (15m)	이동: 고성 화진포의성 ~ 고성 대진1리해변 **(해파랑49코스)**	- 마지막 코스를 앞두고 통일전망대 출입사무소까지 함께 걸어 보려고 함 - 3박4일간의 여정이 거의 마무리가 되어 가는데 끝 까지 통일을 마음에 담아가면 좋겠다.
14:45~15:30 (45M)	걷기 대진1리해변 ~ 통일전망대 출입사무소(45M) **(해파랑50코스)**	- 철책이 둘러진 조용한 해안을 따라 통일전망대 출입국사무소가 나올 때까지 걷는다. - 마지막 여정을 마무리 하며 마음을 다잡는 시간
15:30~16:00 (30M)	통일전망대 출입국사무소 수속	<출입신고서 작성> - 대표자인적사항, 차량번호, 차종 및 출입인원
16:00~17:30 (1h30m)	통일전망대 관람	<안보교육(8분)> - 영화상영, 30분단위 교육 < 출발> - 타고온 차량으로 단체이동 <검문소통과> - 민통선검문소에 교부받은 출입국신고서 제출 - 민통선차량출입증을 차량전면에 부착 <통일전망대 관람 후 귀가> - 검문소에 출입증 반납 - 노래: 우리의 소원은 통일 (*상세 프로그램 추후 계획)
17:30~18:30 (1h)	숙소 도착 후 휴식	- 개인 짐 정리 및 휴식 - 숙소 미정(고성 금강산콘도) - 16평(4인) 비회원가:55,000원 - 세미나실 2시간 15만원

Cue sheet

17:30~17:35 (5m)	이동: 통일전망대~식당(문어와 보쌈)	
17:35~18:30 (55m)	식사 문어와 보쌈(식당)	033-681-2696 (고성 죽왕면 가진길 27)
18:30~19:00 (30m)	숙소 이동후 휴식	**<금강산콘도>** - 4인실 55,000원 - 강당 150,000원 - 개인 짐 정리 및 휴식
19:00~20:00 (1h)	길에서 만나는 통일강연	- 강당섭외 - 강당에서 통일강연 진행 - 강사 : 전병길 사무국장
20:00~21:30 (1h30m)	리플렉션 및 마무리 (간식)	**<소감발표>** - A4용지에 소감문 작성(여행을 마무리 하며) - 조별로 각자 소감문 공유 및 나눔 - 조별로 대표자 한명씩 나와서 발표 **<시상>** - 3박4일간 일정동안 받은 점수로 시상
21:30~22:00 (30m)	광고	**<광고>** - 내일 일정 광고 및 기상시간안내 - 유의사항안내
22:00~	취침	

 **5일차** 고성-부산

Cue sheet

07:00~08:00	기상 및 집합	- 기상미션 - 개인정비 및 개인짐 정리하여 집합
08:00~09:00	식사	- 식사장소 미정(금강산콘도 조식) - 해장국 / 8,000원
09:00~17:00	이동: 숙소 ~ 부산하나센터 (약7시간 소요+점심식사)	- 출발전 단체사진촬영 - 내려오는 도중 휴게소에서 점심식사
17:00~	해산	

나는 웃는 자와 함께 웃고, 우는 자와 같이 우는 사람이 되련다.
나는 조국과 인류가 나를 기다리고 있음을 잊지 않는다.
마음으로 울리는 통일의 리더가 될 것이다.
진정한 통일리더로서 한반도를 울릴 것이고 또 웃음 짓게 할 것이다.

224

225

나가며 /

분단의 청소년, 통일을 새기다

부산에서 강원도 고성까지 이어진 해파랑길의 끝에 섰다.

　분단으로 인해 이곳이 해파랑길의 마지막 지점이 되었지만 통일의 그 날이 오면 새로운 출발점이 될 것이다. 더 이상 걸어서는 갈 수 없는 민통선 마지막 지점에 분단조국의 청소년들이 '통일' 두 글자를 아로새겨 넣었다.

　바다 한가운데 외로이 떠 있는 섬처럼 지금 우리의 한반도는 섬나라로 갇혀 버렸다. 사진 속 아이들의 표정은 밝고 활기차다. 어디를 가도 청소년의 꿈과 비전을 한걸음에 펼칠 만큼 그 기세가 등등해 보인다. 그러나 사진 속에 자리한 섬처럼 그들이 발 딛고 선 우리의 한반도는 외로운 섬이 된지 오래다. 모래밭에 통일 두 글자를 아로새기며 분단의 아이들은 함께 손을 잡았다. 남한과 북한에서 그리고 중국에서 태어난 분단의 아이들이 이제 가슴에 통일을 새겨 넣으려 한다. 통일, 그 말만 들어도 가슴 뛰는 순간을 맞이하기 위해 아이들이 이제 그들의 길을 다시 되돌아간다. 지금은 끊겨진 섬이지만 손을 잡고 발걸음을 옮기며 마음이 건네질 때 통일조국은 그들과 함께 할 것이라 확신한다.

분단조국의 청소년들이 걸었던 오늘의 해파랑길은 여기에서 끝나지만, 통일조국의 청소년들이 걸어갈 내일의 해파랑길은 대륙의 끝까지 이어지리라.

진짜 여행이란 본디 무언가를 찾아가는 것이라 하지 않았던가? 아이들에게 해파랑길을 걸으며 통일을 찾아보라 했다. 하지만 그 길 어디에도 통일은 없었다. 대신에 아이들은 분단의 길에서 스스로가 통일이 되었다.
그대 그리고 나, 바로 우리가 통일이다.

통일조국의 평양특별시장을 꿈꾸며 강동완 쓰다

통일아 노올~자

분단이 우리 삶에 깊숙이 자리하고 있는데, 통일은 일상에 스며들지 못한다.
'통일아 노올~자' 프로젝트는 우리의 일상을 통일의 눈으로 다시 보자는 시도다.
재미있는 놀이로써 통일의 마음과 감성을 깨우자.

첫 번째 이야기 『통일의 눈으로 부산을 다시보다』는
통일의 시선으로 부산의 공간을 새롭게 바라본 이색여행서다.
국내 최초 통일여행안내서라는 의미를 담았다.

두 번째 이야기 『북중 접경지역 5000리 길, 그곳에도 사람이 있었네』는
통일의 시선으로 중국 단둥에서부터 훈춘에 이르는
북중 접경지역 5000리 길에서 반쪽 조국을 바라본다.

세 번째 이야기 『통일수학여행 : 해파랑길에서 만나는 통일』은
남북한과 제3국 출신 청소년들이 부산 해맞이공원에서부터 강원도 고성 통일전망대에 이르는
해파랑길 770km를 걸으며 통일을 사색하는 여행이다.

네 번째 이야기(2018년 출간예정) 『경부선에서 만나는 통일』은
통일의 시선으로 서울부터 부산까지 경부선 기차를 타고 통일 여행을 떠난다.

다섯 번째 이야기... 통일아 노올~자 시리즈는 계속 이어집니다.

SINCE 2015

너나들이는 서로 너 나하며 허물없이 지내는 사이를 일컫는 순우리말입니다.
도서출판 너나드리는 남북한 사람들이 서로 그런사이가 되기를 바라는 희망을 안고
통일 북한 전문 출판을 통해 하나의 길을 만들어갑니다.